今日も、明日も、週末も
いつもの素材で作る
持ちよりごはん

ワタナベマキ

はじめに

気負わず、気軽に、新しい「持ちよりレシピ」

「持ちより会」は、楽しい！
貴重な情報交換の場でもあるし、ママ友との絆を深めたり、
唯一本音を話せる同志会のような場所でもある。
何より、子どもも楽しみにしている。
だから、なるべく参加したい！
だけど……

正直「持ちよる」のがしんどいときもある。
そんな「持ちより疲れ」な方、増えているようです。

この本は、「持ちより疲れの処方箋」となる本を目指しました。

レシピのポイントは、冷蔵庫をあければ必ずあるような
いつもの食材で作る、いつものメニューに、小さなプラスαをひと足しするだけで、「持ちより会」ならではのサプライズを演出すること。
大げさすぎず、今すぐにでもできそうな、
それでいてセンスの良さを感じさせる、そんなお料理の提案です。

たとえば、本書に登場する「ごぼうとドライトマトのきんぴら」は
いつものきんぴらにドライトマトをプラスするだけ。
こんな、がんばりすぎないメニューのほうが、案外喜ばれるもの。
それに、作り慣れたおかずがベースなら、失敗もしません。

この本の使い方として、持ちよりで味をビシッと決めたいときには
分量はgまではかって正確に！　できたら材料もレシピ通りに作ってください。
毎日のごはん作りには、紫キャベツをキャベツに、赤玉ねぎは玉ねぎに、
黒酢がなければ酢に、ハーブもあれば入れるなど自分なりに加減しても
おいしく作れます。

そう、この本は、今日も、明日も、明後日も。毎日使える持ちよりレシピの本。
みなさんの持ちより会が、日々の食卓が、楽しくておいしくなりますように。

もくじ

2 はじめに
6 とにかく簡単に！　短時間で！
作りたい人は……
このマークがついている
レシピがおすすめ

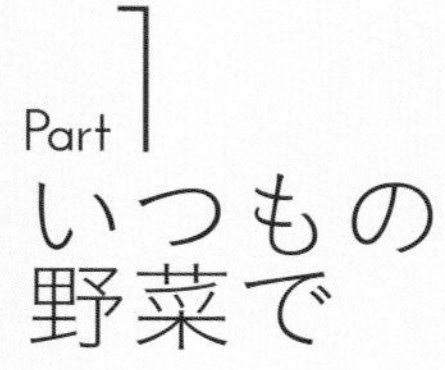

いつもの野菜で

いつもの **じゃがいも** で

8 ディルのポテトサラダ
10 ハッセルバックポテト
11 じゃがいもの黒酢ナンプラーサラダ
12 ハーブ風味のポテトフライ
13 じゃがいもと栗のゴルゴンゾーラ煮

いつもの **かぼちゃ** で

14 かぼちゃのハーブパン粉焼き
15 かぼちゃとキドニービーンズの
マッシュサラダ

いつもの **さつまいも** で

16 ごまジンジャーの大学いも
17 さつまいものスープ

いつもの **里いも** で

18 蒸し里いものごまあえ
19 里いもの山椒から揚げ

いつもの **にんじん** で

20 にんじんと生ハムのサラダ
22 オリーブとアーモンドの
キャロットラペ

いつもの **なす** で

23 揚げなすの中華マリネ
24 なすのガーリックタルタル
タプナード

いつもの **キャベツ** で

26 キャベツとエビのコールスロー
27 キャベツとソーセージのビネガー煮
28 紫キャベツといちじくのマリネ

いつもの **きのこ** で

29 きのこのディップ

いつもの **カリフラワー** で

30 カリフラワーとチーズのペースト
31 カリフラワーとツナの卵サラダ

いつもの **ブロッコリー** で

32 ブロッコリーとレンズ豆のマリネ

いつもの **長ねぎ** で

33 長ねぎのクリームグラタン

少し背伸びした食材で①

34 ビーツのペースト
ひよこ豆のペースト

いつもの **ごぼう** で

37 ごぼうとドライトマトのきんぴら

いつもの **きゅうり** で

38 きゅうりとセロリの
カレーマヨサラダ
40 きゅうりとひき肉の春雨サラダ

いつもの **ピーマン** で

42 ピーマンの肉詰め

いつもの **パプリカ** で

42 パプリカとトマトのサルサ
チップスつき

いつもの **ミニトマト** で

44 ミニトマトとズッキーニのオイル蒸し

いつもの **スナップえんどう** で

45 スナップえんどうとチーズの
マスタードマリネ

いつもの **れんこん** で

46 れんこんとモッツァレラの
ミントサラダ
48 れんこんのゆずこしょうマリネ

いつもの **葉野菜** で

49 スパイスパン粉のグリーンサラダ

いつもの **かぶ** で

50 かぶとグレープフルーツの
マリネサラダ

いつもの **アスパラガス** で

51 アスパラガスと生ハムの春巻き

いつもの **とうもろこし** で

52 とうもろこしとひじきのマリネ
53 とうもろこしとじゃがいものオムレツ

Column
56 手軽に作れるノンアルコールドリンク
「ハーブウォーター」が
喜ばれます

Part 2 いつもの肉で

いつもの **豚肉** で

58 豚肩ロースとプルーンの煮込み
60 豚肉ときのこのクリーム煮
62 サルティンボッカ
64 ローストポーク
バルサミコのソースで
66 ピスタチオの田舎風パテ
ハムと粒マスタードのペースト

いつもの **鶏肉** で

68 チキンナゲット
70 カッチャトーラ
72 鶏ささみのバジルマリネ
73 クリーミーレバーペースト
74 クリスピーチキン
75 鶏肉のマスタード焼き

いつもの **牛肉** で

76 牛肉のタリアータとマッシュポテト
78 オッソブッコ

いつもの **ひき肉** で

80 牛肉と根菜のラグー
82 ひき肉となすのラザニア
84 ひき肉とマッシュルーム、
レーズンのミートローフ
88 鶏ひき肉とれんこんのつくね焼き

Column
90 ワタナベ家の定番
つくる時間がないときにたよる
手みやげ

Part 3 いつもの魚介で

いつもの **エビ** で

92　エビとアスパラのディルオイル蒸し

いつもの **サーモンとホタテ** で

94　サーモンとホタテのケイパーマリネ

いつもの **サケ** で

96　サケのエスカベーシュ

いつもの **タコ** で

98　タコと玉ねぎのマリネ

Part 4 いつもの卵で

いつもの **卵** で

100　ふわふわ卵とディルサンド
102　うずら卵のハーブ漬け
　　卵のオイスター漬け
104　マッシュルームのフラン

Part 5 いつものごはんで

106　ツナとオリーブのライスサラダ
108　カマンベールチーズの
　　ライスコロッケ
109　トマトのリゾット
110　鶏とごぼうの炊きこみごはん
112　タイとホタテのちらし寿司

少し背伸びした食材で②

114　緑のクスクス
　　赤のクスクス

Part 6 いつものフルーツで

いつもの **桃缶** で

118　スコップケーキ

いつもの **いちじく** で

120　いちじくバニラコンポート
　　アイスクリーム添え

いつもの **ぶどう** で

121　ぶどうのミントマリネ

いつもの **フルーツ** で

122　フルーツポンチ

いつもの **りんご** で

123　りんごのヴァポーレ
124　りんごとくるみのチーズケーキ

いつもの **レーズン** で

127　レーズンとチーズのはちみつマリネ

＼ とにかく簡単に！ ／　＼ 短時間で！ ／

作りたい人は……
このマークのついているレシピがおすすめ

主な食材
1品で

1～2品で作れる料理

おもな食材1品、または2品で作れる料理も、この本にはたくさんあります。冷蔵庫をあけて、これひとつ、ふたつで作れるものはないかな？と思った時には、このマークを探してみてください。

2
工程で

2工程で作れる料理

切ってあえるだけ、加熱するだけなど２ステップで作れる料理には、このマークをつけています。手間をかける時間をすこしでも節約したい！そんなときには、このマークのついているレシピを作ってみてください。

15
分以内で

15分以内で作れる料理

とにかく、持ちより本番まで時間がない！　そんなときには、このマークの料理が心強い味方です。どれも15分以内でパパッとできるものばかり。急に決まった集まりや、仕事帰りや子供のお稽古事のあとの持ちよりごはん会にも慌てることはありません。

この本のルール

- 1カップは200㎖、1合は180㎖、大さじ1＝15㎖、小さじ1＝5㎖です。
- 電子レンジの加熱時間は600Wのものを使用した場合です。500Wなら1.2倍を目安にしてください。
- オーブンの温度と時間の設定は電気オーブンで作った場合を目安にに記載しましたが、機種によって熱の入り方が違うので、ご自分のオーブンのくせをつかむまで様子をみながら焼いてください。ガスオーブンの場合は、本書のレシピよりも温度を10～20℃低めに設定してみてください。

Part 1

いつもの野菜で

持ちよりだからと、慣れないことをするのは大変です。
じゃがいも、にんじん、なす、キャベツ……。
いつもの野菜でも十分、喜ばれるおいしい持ちよりが作れるんです。
少し、豪華にしたいなら、いつものキャベツを紫キャベツに、玉ねぎを赤玉ねぎに、
またはハーブをプラスするなど
小さなプラスアルファで見た目も華やかに、
特別感もある料理に仕上がります。

ディルのポテトサラダ

レモンとオリーブオイルでさっぱり食べるポテトサラダは
大人だけでなく、子どもたちにも好評です。
そんないつものポテトサラダにディルを加えるだけで見た目も味も
たちまち華やかになります。

材料（4人分）
じゃがいも —— 4個（400g）
赤玉ねぎ —— 1/2個（60g）
ディル（生）—— 8本
A［白ワインビネガー —— 大さじ1
　 ナンプラー —— 大さじ1
くるみ（ローストしたもの）—— 8個
レモン果汁 —— 大さじ1
オリーブオイル —— 大さじ2
粗びき黒こしょう —— 少々

1 じゃがいもはよく洗い蒸気の上がった蒸し器で25分蒸し（またはラップで包み途中で上下を返し電子レンジで10～12分加熱）、熱いうちに皮をむき粗くつぶし、すぐに**A**を加えて混ぜる。

2 赤玉ねぎは繊維に沿って薄切りにし水に3分さらし、水けをふく。

3 ディル4本は粗く刻む。

4 **1**に**2**、**3**、粗く刻んだくるみ、レモン果汁を加えてさっと混ぜ、オリーブオイル、黒こしょうを加えひと混ぜする。残りのディルを半分に切って添える。

持ちよりメモ
小分けにできる使い捨てのパックに詰めれば取り分ける手間いらず。また子どもたちにも好評なスタイルです。容器はネットショップなどで売っていますが、1セットの数が多いので友人たちと共同で購入しシェアするのもおすすめ。

主な食材 1品で　2工程で

ハッセルバックポテト

じゃがいもに切り込みを入れて、あとはオーブンにおまかせ。簡単でおいしいうえに、見た目もユニークで持ちよりメニューにピッタリです。うちにじゃがいもしかない！　そんなときにもおすすめです。

材料（4～6人分）

じゃがいも（メークイン）
　── 4個（400g）
タイム（生）── 10本
白ワイン ── 大さじ3
オリーブオイル ── 大さじ3
塩 ── 小さじ1/2
粗びき黒こしょう ── 少々
（あれば）岩塩 ── 少々

下準備

オーブンを180℃に予熱する。

1 じゃがいもは1㎜幅に、下を厚さ5㎜ほど残して切り込みを入れ（a）水に約3分さらす。

2 水けをよくふき、軽く切り込みを広げながら耐熱容器に置き、白ワイン、オリーブオイルをまわしかけ、タイムをのせ、予熱したオーブンで45分焼き、塩、黒こしょうをふる。あれば岩塩を少々ふる。

a

主な食材 1品で　15分以内で

じゃがいもの黒酢ナンプラーサラダ

ごま油とナンプラー、黒酢であえたエスニック風味のマリネサラダです。スライサーを使えばあっという間に完成。冷めても、温かくてもおいしい一品なのでいつもの食卓ではできたてを！　にんじんでも作れます。

材料（4人分）

じゃがいも ── 3個（300g）
酒 ── 大さじ1
A［黒酢（酢でも可）── 大さじ1
　ナンプラー ── 小さじ2
　ごま油 ── 小さじ2
白炒りごま ── 小さじ2
黒炒りごま ── 小さじ2

1 湯を沸かし、その間にじゃがいもは皮をむいてせん切りに（スライサーなどで薄切りにしてから細切りにするとよい）。水にさっとさらし、水けをきる。

2 沸騰した湯に酒を入れ、じゃがいもを加え約40秒ゆでてざるにあげ水けをよくふく。

3 2にAを加えてあえ、白と黒の炒りごまをふる。

持ちよりメモ

白ごまと黒ごまをふり分ければパーティ仕様の見た目に。

ハーブ風味のポテトフライ

主な食材 1 品で　15 分以内で　2 工程で

中はふっくら、皮はこんがり、香り豊かに揚げるコツは、冷たい油からハーブといっしょにじっくり加熱すること。ハーブはローズマリーをタイムにかえても、また両方使ってもOK。冷めてもおいしいです。

材料（4～6人分）
じゃがいも
（シャドークイーンと
メークインを使用）── 4個（400g）
ローズマリー（生）── 4本
揚げ油 ── 適量
塩 ── 小さじ1

1 じゃがいもは皮をよく洗い、8等分のくし形に切り、さらに半分に切って水けをよくふく。

2 フライパンに**1**、ローズマリーを入れ、揚げ油をひたひたに注ぎ中火にかける（a）。油が煮立ってから、じゃがいもが色づくまで約8分、ときどき混ぜながら揚げる。油からあげて塩をふる。

a

持ちよりメモ

紙袋を2枚重ねるだけでしゃれたスタイルに。あれば耐油性のものを使って。袋から直接つまめるので、お皿を洗う手間も省けます。

じゃがいもと栗のゴルゴンゾーラ煮

味付けのベースはゴルゴンゾーラとベーコンの塩けだけとシンプル。持ちより用に甘栗を加えることで、特別感をプラスしました。鍋ごと持っていくか、または電子レンジで温めなおして食べてください。

材料（4～6人分）

じゃがいも ── 3個（300g）
玉ねぎ ── 1個（150g）
ベーコン ── 100g
甘栗 ── 16粒
白ワイン ── 150mℓ
A［ゴルゴンゾーラチーズ ── 80g
　 生クリーム ── 200mℓ
ローリエ ── 2枚
オリーブオイル ── 小さじ1
塩 ── 少々
粗びき黒こしょう ── 少々

1 じゃがいもは皮をむき6等分のくし形に切り、水にさらす。玉ねぎは繊維に沿って薄切りにする。

2 鍋を中火で熱しオリーブオイルと細切りにしたベーコンを入れ、脂が出るまで炒める。

3 1とローリエを加え玉ねぎが透き通るまで炒め、甘栗、白ワインを加えひと煮立ちさせる。

4 弱火にし、ふたをして約8分煮て、じゃがいもがやわらかくなったらAを加え溶かしながらひと煮立ちさせる。塩、こしょうを加えて味を調える。

いつもの かぼちゃ で

かぼちゃのハーブパン粉焼き

主な食材 2品で　2工程で

かぼちゃさえあれば作れる手軽な一品。切って焼くだけと簡単です。パン粉はドライタイプのほうがパリッと焼きあがるのでおすすめ。さつまいもで作ってもおいしいです。

材料（4人分）
かぼちゃ —— 1/4個（400g）
玉ねぎ —— 1/2個（70g）
パン粉 —— 大さじ5
A
- にんにく（みじん切り）—— 1片分
- エルブ・ド・プロヴァンス —— 小さじ2
- 白ワイン —— 大さじ3
- オリーブオイル —— 大さじ2
- 塩 —— 少々

パルミジャーノレッジャーノチーズ（削ったもの）
—— 大さじ1と1/2

下準備：オーブンを200℃に予熱する。

1 かぼちゃは種とわたを除き2cm厚さに切る。

2 パン粉にみじん切りにした玉ねぎと**A**を加えてよく混ぜ**1**の上にのせ、パルミジャーノレッジャーノチーズをふり、予熱したオーブンで15分焼く。仕上げにパルミジャーノレッジャーノチーズ（分量外）をふる

かぼちゃとキドニービーンズのマッシュサラダ

甘いかぼちゃに豆とナンプラーを合わせエスニックテイストに。キドニービーンズはややかためにゆでると食感にリズムがうまれます。豆は缶詰でもいいですが、乾燥豆をゆでたものを使うと何倍もおいしくなります！

材料（4人分）

かぼちゃ ── 1/4個（400g）
玉ねぎ ── 1/2個（70g）
キドニービーンズ（水煮）── 100g
パセリ（みじん切り）── 大さじ2
オリーブオイル ── 大さじ2
粗びき黒こしょう ── 少々
A［白ワインビネガー ── 大さじ2
　ナンプラー ── 大さじ1

1 かぼちゃは種とわたを除き、皮をところどころむき3cm角に切り、蒸気の上がった蒸し器で10分蒸して、粗くつぶす。

2 玉ねぎはみじん切りにし、水に5分さらして水けをきってふく。

3 **1**に**2**と**A**を加えて混ぜ、キドニービーンズ、パセリを加えて混ぜる。オリーブオイルと黒こしょうも加え、混ぜる。

ごまジンジャーの大学いも

主な食材 1品で　15分以内で

甘いさつまいもにスパイシーなしょうがをきかせた、ちょっと大人っぽい個性的な大学いもです。とはいえ、加熱するので辛くはありませんから、子どもでもおいしく食べられます。冷たい油から揚げること！

材料（4人分）

さつまいも —— 500g

A
- みりん —— 大さじ3
- しょうゆ —— 大さじ2
- 塩 —— ひとつまみ
- ごま油 —— 小さじ1

しょうが（すりおろし）—— 1片分

黒炒りごま —— 大さじ2

揚げ油 —— 適量

1 さつまいもはよく洗って、ひと口大の乱切りにし、水にさっとさらして水けをふく。

2 鍋に**1**を入れ、揚げ油をひたひたに注ぎ、中火にかける。油が煮立ってから、さつまいもが色づくまで約8分、ときどき混ぜながら揚げ、油をきる。

3 フライパンに合わせた**A**、しょうが、黒炒りごまを入れて中火にかけ、ひと煮立ちさせる。**2**を加えてからめる。

主な食材 2品で

さつまいものスープ

甘くこっくりしたさつまいものスープに、大人用にはスパイスをひとふりすることで華やかな味わいにも。冷たくても温かくてもおいしいです。冬は保温ジャーに入れて持っていってもいいでしょう。

材料（4～6人分）

さつまいも —— 600g
玉ねぎ —— 1/2個（70g）
A［白ワイン —— 100mℓ
　 昆布とカツオのだし汁 —— 600mℓ
牛乳 —— 200mℓ
塩 —— 小さじ1
好みでスパイス —— 少々
＊クミンパウダー、コリアンダーパウダー、カルダモンパウダーなど
オリーブオイル —— 小さじ1

1 さつまいもは皮をむいて2cm角に切り、水にさっとさらす。玉ねぎは1cm角に切る。

2 鍋を中火で熱しオリーブオイルと1を入れ玉ねぎが透き通るまで炒める。

3 Aを加え、ひと煮立ちさせてアクをとり、ふたをして弱火で約12分さつまいもがやわらかくなるまで煮る。

4 火からおろして牛乳を加え、ミキサーなどで撹拌し、再度弱火にかける。塩を加えて煮立つ直前で火をとめる。器によそいオリーブオイル（分量外）をたらす。大人用には好みのスパイスをふる。

蒸し里いものごまあえ　緑の薬味とカリカリワンタンを添えて

むっちりほっくり蒸しあげた里いもを和のハーブ三つ葉とカリカリワンタンといっしょにいただきます。三つ葉と揚げワンタンを食べる直前にあえられるよう、3つの容器に分けていきましょう。

材料（4〜6人分）
里いも ── 8個（400g）
三つ葉 ── 1束
大葉 ── 5枚
ワンタンの皮 ── 3〜4枚
ごま油 ── 大さじ3
A しょうゆ ── 大さじ1
　黒酢（酢でも可）── 大さじ1
　白すりごま ── 大さじ2
　ごま油 ── 大さじ1

1 里いもは洗い、蒸気の上がった蒸し器で10分蒸し、熱いうちに皮をキッチンペーパーなどでおさえながらむく。合わせたAとなじませる。

2 フライパンにごま油を入れて中火にかけ、ワンタンの皮を1枚ずつ加えてカリッとするまで揚げる。

3 三つ葉と大葉は食べやすい大きさに切る。

4 1、2、3をそれぞれ別の容器に入れ（a）、里いもと香味野菜は食べる直前にさっとあえて、ワンタンは割り入れる。

a

主な食材 2品で　15分以内で　2工程で

里いもの山椒から揚げ

急にお声がかかったときにも重宝するシンプルなレシピ。山椒をピリリときかせ、すだちをたっぷりしぼって和風にいただきます。揚げたてはほっくり、冷めるともっちりして、それぞれ別のおいしさが味わえます。

材料（4～6人分）
里いも —— 8個（400g）
粉山椒 —— 小さじ1
塩 —— 小さじ1
すだち、青ゆず、
　かぼすなどの柑橘類 —— 1個
揚げ油 —— 適量
ごま油 —— 大さじ1

1 里いもは皮をむき大きいものは半分に切り、さっと水にさらして水けをふく。

2 揚げ油にごま油を加え**1**を入れてから中火にかける。油が煮立ってから、里いもが軽く色づき火が通るまで8分揚げる。竹串などをさして確認するとよい。熱いうちに塩と粉山椒をふり、半分に切った柑橘類を添える。

にんじんと生ハムのサラダ

15 分以内で

いつもはにんじんだけで作るシンプルなサラダに、ちょっとリッチに生ハムとハーブを加えて持ちより仕様のごちそうサラダに。白ワインとよく合い、つまみとしても活躍する一品です。

材料（4～6人分）
にんじん ── 2本（200g）
生ハム ── 80g
ベビーリーフ ── 2カップ分
白ワイン ── 大さじ1
A ［ディジョンマスタード ── 大さじ2
ナンプラー ── 大さじ1/2
B ［オリーブオイル ── 大さじ1
粗びき黒こしょう ── 少々

1 にんじんは5㎝長さの細めの乱切りに。

2 鍋ににんじんがしっかりかぶるくらいの水と白ワインと**1**を入れて中火にかけ、煮立ったら弱めの中火にし5分ゆでる。ざるにあげ、水けをふく。

3 **2**に**A**を加えてよくなじませ、粗熱がとれたら食べやすい大きさに切った生ハムを加えてあえ、**B**を加えて混ぜる。ベビーリーフは別添えで持っていき、食べるときにあえる。

持ちよりメモ

にんじんとベビーリーフは分けて持っていくので、食べる直前にあえます。
写真のようにホーローインホーロースタイルも便利です。

オリーブとアーモンドのキャロットラペ

15 分以内で

いつものラペをピーラーでひらひらとリボンのように削いで華やかに仕上げます。しゃきしゃきした歯ごたえが好みの方はせん切りにしてもいいでしょう。お酒に合うようナッツやオリーブを加えて持ちより仕様に。

材料（4人分）

にんじん — 2本（200g）
グリーンオリーブ — 15個
アーモンド（ローストしたもの）— 8個
白ワイン — 大さじ2
オリーブオイル — 大さじ2
粗びき黒こしょう — 少々
A［ナンプラー — 大さじ1と1/2
　 レモン果汁 — 大さじ2

1 にんじんは皮をむきピーラーで縦に長めにそぐ。

2 耐熱容器に**1**を入れ白ワインをまわしかけてラップをし、電子レンジで2分30秒加熱する。

3 **2**が温かいうちに**A**を加えてなじませ、グリーンオリーブ、粗く刻んだアーモンド、オリーブオイルを加えてあえ、黒こしょうをふる。

主な食材 1品で　15分以内で

揚げなすの中華マリネ

揚げなすは、日常の食卓でも、持ちよりでも喜ばれる定番メニューです。なすは縦に切り、くたっとするまで揚げ、香味野菜をふんだんに使って、味をしっかりしみこませるのがコツ。ごはんにも、ビールにも合います。

材料（4〜6人分）

なす —— 4本（300g）

A
- 長ねぎ（みじん切り） —— 1/2本分（80g）
- しょうが（みじん切り） —— 1片分
- 酒 —— 大さじ1
- みりん —— 大さじ1
- しょうゆ —— 大さじ2
- 黒酢（酢でも可） —— 大さじ2
- だし汁 —— 50mℓ

揚げ油 —— 適量

ごま油 —— 大さじ1

（好みで）糸唐辛子 —— 適量

1 なすはヘタを除き縦に6等分に切り、水にさっとさらして水けをふく。

2 **A**を小鍋に入れ中火にかけてひと煮立ちさせる。

3 揚げ油にごま油を加えて中温（170℃）に熱し、**1**を入れてときどき返しながら軽く色づくまで3〜4分揚げる。油をきり、熱いうちに**2**に漬け、好みで糸唐辛子をのせる。

なすのガーリックタルタル

主な食材 1品で

直火でなすをじっくり焼き、身がやわらかくなり、
旨みがぎゅっと凝縮されたところでいっきにたたき、食感が残る程度の
ペーストに。パンや蒸し野菜、肉に添えたりパスタにからめていただきます。

材料（4人分）
なす ── 4本（300g）
オリーブオイル ── 大さじ2
A［にんにく（すりおろし）── 1片分
　ナンプラー ── 大さじ1
　レモン果汁 ── 大さじ1

1 なすは洗って縦に数カ所切り目を入れ、グリルか網で皮が黒くなるまで返しながら焼く。

2 1を冷水にとり、皮をむき水けをペーパーなどでおさえる。

3 2を包丁でペースト状になるまでたたき、Aを加えてよく混ぜ、オリーブオイルを加える。

タプナード

主な食材 1品で　15分以内で　2工程で

タプナードとはブラックオリーブで作るペーストのこと。
アンチョビやにんにくをきかせたパンチのある味。
パンや蒸し野菜につけたり、肉に添えたりパスタにからめていただきます。

材料（4人分）
A［ブラックオリーブ（種なし）── 100g
　アンチョビ（フィレ）── 4枚
　にんにく ── 1片
　バルサミコ酢 ── 大さじ1
　白ワイン ── 大さじ1
オリーブオイル ── 大さじ2
黒こしょう ── 少々

1 Aをフードプロセッサーで、なめらかになるまで撹拌する。

2 小鍋に1とオリーブオイルを入れて弱火にかけ、ひと煮立ちしたらへらで混ぜながら5分煮て、黒こしょうをふる。

キャベツとエビのコールスロー

主な食材2品で

マヨネーズは使わずにさっぱり仕上げたコールスローがワタナベ家の定番。そこにエビを加えて持ちよりスタイルに。ランチタイムには、食パンといっしょに持っていき、オープンサンドにして食べるのもおすすめです。

材料（4～6人分）

キャベツ —— 1/2個（500g）
エビ（ブラックタイガーなど）—— 10尾
パセリ（みじん切り）—— 大さじ3
片栗粉 —— 大さじ3
塩 —— 小さじ1
白ワイン —— 大さじ2
白ワインビネガー —— 大さじ2
オリーブオイル —— 大さじ2
粗びき黒こしょう —— 少々

1 エビは背わたを除く。片栗粉でもみ洗いし流水で洗い流す。

2 鍋に湯を沸かし、白ワインを入れ、**1**を加えて約2分ゆでる。火をとめふたをして粗熱がとれるまでそのままおく。

3 キャベツはせん切りにし、塩を加えてしんなりするまでもみ、約5分おいて出てきた水分をぎゅっとしぼる。

4 **2**の殻をむき3等分に切り、**3**と合わせ、パセリと白ワインビネガーを加えてあえ、オリーブオイルも加えさっと混ぜる。塩少々（分量外）と黒こしょうを加え味を調える。

2
工程で

キャベツとソーセージのビネガー煮

野菜をざくざくっと切って煮るだけととても簡単。持ちよりのためにがんばるとするならば、迫力とごちそう感を出すために複数の、そして大きなソーセージを使うことくらいでしょうか。

材料（4～6人分）
キャベツ ―― 1/2個（500g）
玉ねぎ ―― 1個（150g）
（好みの）ソーセージ ―― 6～7本
塩 ―― 小さじ2/3
A タイム（生または乾燥）―― 4本
にんにく（つぶす）―― 1片分
白ワイン ―― 100㎖
白ワインビネガー ―― 50㎖
オリーブオイル ―― 大さじ1
粗びき黒こしょう ―― 少々

1 キャベツは1㎝幅に切り、塩をふってしんなりするまでもむ。玉ねぎは繊維に沿って7～8㎜幅に切る。

2 軽く水分をきったキャベツを鍋に入れ、玉ねぎとソーセージ、Aを加えて中火にかける。煮立ったら弱火にし、ふたをして10分煮て、オリーブオイル、塩少々（分量外）、黒こしょうを加え味を調える。

いつもの キャベツ で

紫キャベツといちじくのマリネ

主な食材 2 品で

15 分以内で

いつものキャベツを紫キャベツにかえて、ドライいちじくといっしょにマリネします。見た目は華やか、味はナンプラーをきかせたエスニック風味のひと皿。冷蔵庫で3〜4日間保存可能です。

材料（4〜6人分）

紫キャベツ —— 1/2個（400g）
ドライいちじく —— 5個
塩 —— 小さじ1/3
レモン果汁 —— 大さじ2
ナンプラー —— 小さじ2
クミンシード —— 小さじ1
オリーブオイル —— 大さじ2

1 ドライいちじくは4等分に切り、レモン果汁大さじ1を加えてなじませておく。

2 キャベツはせん切りにし塩を加えてしんなりするまでもみ、約5分おいて出てきた水分をぎゅっとしぼる。

3 **1**、**2**、残りのレモン果汁、ナンプラーを加えてあえる。

4 クミンシードは中火で熱したフライパンで香りが立つまで炒り、**3**に加える。オリーブオイルを加えさっとあえる。

きのこのディップ

マッシュルームの他にマイタケなど香りの強いきのこを使うとおいしくできますし、複数のきのこを合わせてもOK。ショートパスタを持参し、飲んでいる間にさっとゆでてその場であえる、そんなスタイルも喜ばれます。

材料（4～6人分）

マッシュルーム —— 20個
玉ねぎ —— 1/2個（70g）
セロリ —— 1/2本（100g）
にんにく（つぶす）—— 1片分
オリーブオイル —— 大さじ1
白ワイン —— 100mℓ
ローリエ —— 1枚
A ナンプラー —— 大さじ1
　オリーブオイル —— 大さじ1
塩 —— 少々
粗びき黒こしょう —— 少々
ショートパスタ —— 200g

1 マッシュルームは石づきを除き4分割に。玉ねぎ、セロリはみじん切りにする。

2 フライパンにオリーブオイルとにんにくを入れ中火にかける。

3 香りが立ったら**1**とローリエを入れ玉ねぎが透き通るまで炒める。白ワインを加えてひと煮立ちさせアクをとり、ふたをして8分蒸し煮にする。

4 **A**を加えてひと煮立ちさせ、ローリエを取り出しフードプロセッサーなどでなめらかなるまで撹拌し、塩、黒こしょうをふる。ゆでたショートパスタとあえて食べる。

主な食材
2品で

カリフラワーとチーズのペースト

クタクタに煮たカリフラワーの旨みは絶品です。チーズやにんにくを加えてより濃厚に。玉ねぎの蒸らし炒めをしっかりすることがおいしく作るポイントです。クラッカーやバゲットに添えるとおいしい。

材料（4～6人分）
カリフラワー — ½株（300g）
玉ねぎ — ½個（70g）
にんにく（みじん切り）— 1片分
白ワイン — 120㎖
A［塩 — 小さじ½
　クリームチーズ — 80g
パルミジャーノレッジャーノチーズ — 30g
粗びき黒こしょう — 少々
オリーブオイル — 大さじ2
（あれば）ローズマリー（生）— 1～2本

1 カリフラワーは小房に分け、玉ねぎはみじん切りにする。

2 鍋にオリーブオイルとにんにくを入れて中火にかけ香りが立つまで炒める。

3 **2**に**1**を入れ、玉ねぎが透き通るまで炒め、白ワインを加えてひと煮立ちさせる。弱火にし、ふたをして約10分汁けが少なくなるまで煮る。すぐに**A**、削ったパルミジャーノレッジャーノチーズを削り入れてなじませる。黒こしょうをふり、あればローズマリーを添える。

カリフラワーとツナの卵サラダ

カリフラワーはゆでるより蒸したほうが水っぽくならず、旨みも逃げません。ツナと卵のタルタルソースを添えたサラダは、簡単なのに大人にも子どもにも人気があり嬉しいメニュー。ツナは大ぶりなものを使って。

材料（4～6人分）

カリフラワー ―― 1/2株（300g）
ツナ（オイル漬け）―― （大）1缶（175g）
塩 ―― 少々
オリーブオイル ―― 大さじ2
ゆで卵（粗く刻む）―― 2個分
赤玉ねぎ ―― 1/4個（30g）
きゅうりのピクルス ―― 2本（40g）
A ［ レモン果汁 ―― 大さじ1
　 　マヨネーズ ―― 大さじ2
粗びき黒こしょう ―― 少々

1 カリフラワーは小房に分け、蒸気の上がった蒸し器で7分蒸す（または熱湯で約6分ゆでてもよい）。油をきったツナとあえ、塩とオリーブオイルを加えさらにあえる。

2 赤玉ねぎはみじん切りにし、水に約3分さらして水けをふく。ピクルスはみじん切りにし、ゆで卵と**A**を加えて混ぜ、黒こしょうをふる。

3 **1**と**2**は別の容器で持っていき、食べる直前にあえる。

ブロッコリーとレンズ豆のマリネ

しょうがとライム果汁をきかせたブロッコリーサラダにレンズ豆を加えて食べごたえをアップ。レンズ豆は水で戻す必要がないのもいいところ。ブロッコリーをカリフラワーやさやいんげんにかえてもおいしく作れます。

材料（4～6人分）

レンズ豆（乾燥）—— 100g
ブロッコリー —— ½株（200g）
赤玉ねぎ —— ½個（60g）
白ワイン —— 大さじ1
A ［ しょうが（みじん切り）—— 1片分
ナンプラー —— 大さじ1と½
ライム果汁 —— 大さじ2 ］
オリーブオイル —— 大さじ2
粗びき黒こしょう —— 少々

1 鍋にレンズ豆と白ワインとたっぷりの水を入れ、沸騰してから13分ゆでてざるにあげ、水けをしっかりときる。

2 ブロッコリーは茎のかたい皮をむき、塩少々（分量外）を加えた熱湯で2分30秒ゆでてざるにあげ、水けをきりざく切りにする。

3 赤玉ねぎはみじん切りにし、水に約3分さらして水けをきり、ふく。

4 **1**、**2**、**3**、**A**を混ぜ合わせる。オリーブオイルと黒こしょうを加えさっと混ぜる。

主な食材 1品で

長ねぎのクリームグラタン

長ねぎひとつでごちそうメニューに。ちょっと贅沢に生クリームとケイパーを使うところがポイントです。ご近所さんなら作りたてを大急ぎで持っていく、気心の知れた仲間の家なら温めなおしていただきます。

材料（4～6人分）

長ねぎ —— 2本（300g）
にんにく（つぶす）—— 1片分
A ケイパー（酢漬け。汁けをきる）—— 大さじ2
　白ワイン —— 50㎖
　塩 —— 小さじ2/3
生クリーム —— 200㎖
オリーブオイル —— 大さじ1と1/2
粗びき黒こしょう —— 少々

下準備：オーブンを220℃に予熱する。

1 長ねぎは4㎝長さに切る。

2 フライパンににんにくとオリーブオイルを入れて中火にかけ、香りが立ったら**1**を入れて表面に焼き目がつくまで焼く。**A**を加えふたをして弱火で約5分蒸し煮にする。

3 耐熱容器に**2**を汁ごと入れ、生クリームを加え予熱したオーブンで12分焼き、黒こしょうをふる。

少し背伸びした食材で……1

いつもの、というよりは、少し背伸びした食材で作る、
とびきりおいしくて簡単なレシピをご紹介します。

ビーツのペースト

かぶとじゃがいもをミックスしたような甘さとほくほくした食感。
美しいピンク色が魅力的なビーツは、最近人気のある食材です。
ここでは、ペースト状にしパンに添えて食べる提案を。
ビタミンCと食物繊維が豊富です。冷蔵庫で3～4日間保存可能。

ひよこ豆のペースト

こっくりした味わいが魅力のひよこ豆をペーストに。
パンに添えたり、生野菜につけて召し上がってください。
エジプト豆、チャナ豆、またはガルバンゾーともいいます。
カルシウムや亜鉛を含んでいます。冷蔵庫で3～4日間保存可能。

ビーツのペースト

材料（4～6人分）
ビーツ ── 250g
玉ねぎ ── ⅓個（45g）
セロリ ── 10cm分
A［白ワイン ── 100mℓ
水 ── 50mℓ
セロリの葉 ── 3枚
ローリエ ── 1枚
にんにく ── 1片
オリーブオイル ── 大さじ1
B［ナンプラー ── 大さじ2
サワークリーム ── 100g
オリーブオイル ── 大さじ2
黒こしょう ── 好みの分量

1 ビーツは皮を厚めにむき、2cm角に切る。玉ねぎとセロリはみじん切りにする。

2 フライパンに、にんにくとオリーブオイルを入れ中火にかける。香りが立ったら**1**を加え玉ねぎが透き通るまで炒める。**A**を加えひと煮立ちさせる。弱火にし、ふたをして約10分ビーツがやわらかくなるまで煮る。

3 **2**の粗熱がとれたらセロリの葉とローリエを取り除き、フードプロセッサーに入れなめらかになるまで撹拌する。**B**を加えて再度撹拌し、黒こしょうをふる。

主な食材
2品で

ひよこ豆のペースト

材料（4～6人分）
ひよこ豆（乾燥） ── 100g
玉ねぎ ── ½個（70g）
A［にんにく（みじん切り） ── 1片分
クミンシード ── 大さじ1
オリーブオイル ── 大さじ1
B［ナンプラー ── 大さじ1
レモン果汁 ── 大さじ1
オリーブオイル ── 大さじ2
塩 ── 小さじ¼
白ワイン ── 50mℓ

下準備：ひよこ豆はさっと洗い、かぶるくらいの水にひと晩つけて戻しざるにあげる。

1 水で戻したひよこ豆は鍋に入れ、かぶるくらいの水と塩と白ワインを加えて中火にかける。煮立ったら弱火にし、15分煮てざるにあげる。

2 玉ねぎはみじん切りにする。フライパンに**A**を入れて中火にかける。香りが立ったら玉ねぎを加え、透き通るまで炒める。

3 フードプロセッサーに**1**、**2**、**B**を加えなめらかになるまで撹拌する。容器に移し、クミンシードを少々（分量外）ふる。

2
工程で

ごぼうとドライトマトのきんぴら

和惣菜の定番、ごぼうのきんぴらに、ドライトマトと香ばしいくるみを加えて個性的な持ちよりレシピに変身させました。食材をさっと炒めるだけと簡単なので、副菜やおつまみとして、いつもの食卓にも重宝します。

材料（4～6人分）

ごぼう ── 1本（200g）
ドライトマト ── 5個
＊オイル漬けではないもの
くるみ ── 8個
にんにく（つぶす）── 1片分
オリーブオイル ── 大さじ1
A［白ワイン ── 大さじ2
　バルサミコ酢 ── 大さじ2
　しょうゆ ── 大さじ1

1 ごぼうは皮をこそげ、斜めに5㎜幅に切って水にさらす。ドライトマトはぬるま湯に8分つけて軽く戻し、粗く刻む。

2 フライパンににんにくとオリーブオイルを入れ中火にかける。香りが立ったら水けをきったごぼうを加えしんなりするまで炒める。Aを加え汁けがなくなるまで炒め、粗く刻んだくるみとドライトマトを加えてあえる。

きゅうりとセロリのカレーマヨサラダ

カレーマヨでややこってり仕上げたきゅうりとチキンのおかずサラダを
クリスピーなピザ生地にのせていただきます。ピザ生地はもちろん市販のものでOK。
生地は別にして持っていき、手で生地をパリパリと割りながらサラダをのせて食べます。

材料（4人分）
きゅうり —— 1本（100g）
セロリ —— 1/2本（100g）
鶏ささみ —— 4本（400g）
白ワイン —— 大さじ2
ピザ生地（市販品）—— 2枚
塩 —— 小さじ1/3
A［ しょうが（すりおろし）—— 1/2片分
マヨネーズ —— 大さじ2
カレー粉 —— 小さじ1
プレーンヨーグルト（無糖）—— 大さじ1
塩 —— 小さじ1/4
B［ オリーブオイル —— 大さじ1と1/2
粗びき黒こしょう —— 少々

1 きゅうりは縦に2等分して種を除き、薄い輪切りにする。セロリは筋を除き斜め薄切りにし、塩を加えてしんなりするまでもみ、出てきた水分をぎゅっとしぼる。

2 ささみは筋を除く。鍋にささみがしっかりかぶるくらいの湯を沸かし、白ワインを加えてささみを入れ、2分30秒ゆでて火をとめる。ふたをしてそのまま冷まし、水けをふき食べやすい大きさに裂く。

3 **1**、**2**に合わせた**A**を加えてあえ、**B**を加えさっと混ぜる。

4 市販のピザ生地にオリーブオイル（分量外）をさっとぬり、魚焼きグリルで約7分弱火でカリカリになるまで焼く。サラダとは別に持ちより、食べる直前に食べやすい大きさにちぎり**3**に添える。

いつもの きゅうり で

きゅうりとひき肉の春雨サラダ

女性や子どもに人気の春雨サラダに肉を加えてボリュームアップ。
冷めても脂っこくならない鶏ひき肉を使うところがポイントです。
季節や好みに合わせてパクチーをセリや三つ葉にかえてもいいでしょう。

材料（4～6人分）
きゅうり —— 2本（200g）
鶏ひき肉 —— 200g
赤玉ねぎ —— 1/2個（60g）
しょうが（みじん切り）—— 1片分
春雨 —— 60g
パクチー —— 30g
（あれば）赤唐辛子（生）—— 1本
塩 —— 小さじ1/3
ナンプラー —— 大さじ2
レモン果汁 —— 大さじ2
ごま油 —— 小さじ2

1 きゅうりは縦に2等分して、種を除き、斜め薄切りにし、塩を加えてしんなりするまでもみ、出てきた水分をしぼる。

2 赤玉ねぎは繊維に沿って薄切りにし、水に3分さらし水けをきる。春雨は沸騰した湯で約2分ゆでてざるにあげ水けをよくきる。

3 フライパンを中火で熱し、ごま油としょうがを入れ中火にかける。鶏ひき肉を加え肉の色が変わるまで炒めナンプラーを加える。

4 **1**、**2**、**3**を混ぜ合わせ、レモン果汁を加えてあえる。保存容器に入れ、パクチーをざく切りにして添え、あれば唐辛子を縦2等分に切ってのせる。

持ちよりメモ

パクチーは食べる直前にのせるので、別添え、または写真のように容器の中で混ざらないように持っていきます。

ピーマンの肉詰め

ピーマンが苦手な子どもたちも、肉詰めとなると俄然手が伸びるのがこのメニューのすごいところ。持ちより用にカラーピーマンを丸ごと使い、オリーブでふたをしめて愛嬌のある見た目に。

材料（5人分）
ピーマン（緑、赤、黄など）── 9～10個
合いびき肉 ── 250g
玉ねぎ ── 1/2個（70g）
セロリ ── 1/2本（100g）
グリーンオリーブ（種なし）── 9～12個
イタリアンパセリ ── 適量
パン粉、牛乳 ── 各大さじ3
A
- トマトケチャップ ── 大さじ1
- ウスターソース ── 大さじ1
- 卵 ── 1個
- 塩 ── 小さじ1
- カレー粉 ── 小さじ1/2

B
- 白ワイン ── 100mℓ
- 水 ── 50mℓ

薄力粉 ── 大さじ3
粗びき黒こしょう ── 少々

1 ピーマンはヘタのまわりに包丁で切り込みを入れてヘタと種を除き、ハケなどで中に薄力粉をはたく。

2 玉ねぎ、セロリはみじん切りにする。

3 合いびき肉に**2**、牛乳にひたしたパン粉、**A**を加えて粘りが出るまで混ぜ、**1**にスプーンで詰め、オリーブでふたをする。

4 鍋に**3**を立てるように並べ、**B**をまわし入れ中火にかけひと煮立ちさせる。ふたをして弱火にし12分蒸し煮にする。汁けをきって容器に並べ、黒こしょうをふりイタリアンパセリを添える。

パプリカとトマトのサルサ チップスつき

直火であぶったパプリカの甘みがポイント。子ども用には赤唐辛子を除いて。冷蔵庫で約4日間保存できますが、持ちよりの場合は、前日か当日作ったものを持っていきます。チップスは袋ごと持っていっても。

材料（4人分）
パプリカ ── 1個
トマト ──（大）1個（250g）
A
- にんにく（みじん切り）── 1片分
- 塩 ── 小さじ1/2
- 酢・オリーブオイル ── 各大さじ1

赤唐辛子（種をとりみじん切り）── 1/2本分
（あれば）レモンの輪切り ── 2枚
チップス ── 1袋

1 トマトは1cm角に切り、**A**を加えてよく混ぜる。

2 **1**を2等分し、片方に赤唐辛子を混ぜる。

3 パプリカは網にのせて直火（または魚焼きグリル）で10分、表面が真っ黒になるまで中火で焼き、皮をむいて1cm角に切る。

4 **3**を**2**に半量ずつ加えて混ぜる。あればレモンを添える。

いつもの ピーマン で

いつもの パプリカ で

主な食材 **2**品で

ミニトマトとズッキーニのオイル蒸し

お箸で切れるほどやわらかく蒸し煮にしたズッキーニは、甘みと旨みが凝縮。そこにトマトの酸みを加えたメニューは温かくても冷めてもおいしいです。切って蒸し煮にするだけと手軽にできるのも嬉しいところ。

材料（4～6人分）

ミニトマト —— 15個
ズッキーニ —— 3本（450g）
にんにく（薄切り）—— 1片分
A
- 白ワイン —— 50㎖
- 白ワインビネガー（酢でも可）—— 60㎖
- ナンプラー —— 大さじ2

オリーブオイル —— 大さじ2

1 ミニトマトはヘタを除き縦に2等分にする。ズッキーニは縦に2等分に切る。

2 鍋ににんにくとオリーブオイルを入れて中火にかける。香りが立ったらズッキーニを入れ、返しながら表面に軽く焼き目をつける。

3 **2**にミニトマトと**A**を加えてひと煮立ちさせ、弱火にしてふたをし、15分蒸し煮にする。

15
分以内で

スナップえんどうとチーズのマスタードマリネ

ぷちぷちした食感のスナップえんどうと、いんげん、スモークチーズの組み合わせは大人にも子どもにも人気。
にんにくとナンプラーをきかせた味は、ビールによく合います。子ども用には、マスタードを抜いて作っても。

材料（4～6人分）

スナップえんどう ── 13～15本
さやいんげん ── 10本
スモークチーズ（キャンディタイプ）
── 10個
塩 ── 小さじ1/2
オリーブオイル ── 大さじ2
粗びき黒こしょう ── 少々
A ディジョンマスタード ── 大さじ2
＊粒マスタードでも可
ナンプラー ── 大さじ1
にんにく（すりおろし）── 1/2片分

1 スナップえんどうはへたと筋をとる。さやいんげんは端を切り落とし、半分に切る。

2 沸騰した湯に塩を入れ、さやいんげんを加えて2分ゆでる。スナップえんどうを加え1分ゆでて両方ともざるにあげ水けをきる。

3 2をAであえ、粗熱がとれたら、斜めに2等分したスモークチーズとオリーブオイル、粗びき黒こしょうを加えさっとあえる。

いつもの れんこん で

れんこんとモッツァレラのミントサラダ

シャクシャクとした歯ごたえを楽しむ、レモンナンプラー味のれんこんサラダ。
これだけでもおいしいのですが、持ちよりにはミントやトレビス、そしてモッツァレラを加えて
ちょっと贅沢に仕上げます。チーズはカマンベールにかえてもおいしい。

材料（4～6人分）
れんこん —— 250g
モッツァレラチーズ —— 200g
ミント（生）—— 8g
トレビス —— 1/3個
白ワイン —— 大さじ2
A［ナンプラー —— 大さじ1と1/2
　 レモン果汁 —— 大さじ2
オリーブオイル —— 大さじ2

1 鍋にたっぷりの湯を沸かす。その間にれんこんは皮をむき3cm角に切り、ポリ袋に入れ麺棒やすりこぎなどで粗めにたたく。

2 熱湯に白ワインとれんこんを入れ、1分ゆでてざるにあげ水けをきる。

3 すぐにAを加えてなじませ、手でちぎったモッツァレラチーズとオリーブオイルを加えさっとあえる。容器に入れ、手でちぎったトレビスとミントをのせ、食べる直前にあえる。

持ちよりメモ

ビンに入れて持っていく場合は、れんこんの上にトレビス、その上にミントの順にのせます。

主な食材 2 品で　15 分以内で

れんこんのゆずこしょうマリネ

薄切りにしたれんこんをさっとゆでてあえるだけ。8分もあればできてしまう一品です。持ちよりポイントは味も見た目も華やかになるオリーブ。いつもの食卓なられんこんだけでもいいでしょう。

材料（4～6人分）
れんこん —— 300g
グリーンオリーブ —— 20個
酒 —— 大さじ1
A［酢 —— 大さじ2
　ゆずこしょう —— 小さじ1
　塩 —— 小さじ1/4
ごま油 —— 大さじ1
白炒りごま —— 小さじ2

1 鍋にたっぷりの湯を沸かし、その間にれんこんは皮をむき3㎜厚さの輪切りにし、水にさっとさらす。

2 熱湯に酒とれんこんを入れ1分ゆでてざるにあげ水けをきる。

3 すぐにAを加えてなじませ、グリーンオリーブとごま油、白炒りごまを加えさっとあえる。

持ちよりメモ
グリーンオリーブをブラックオリーブにしても。お好みで。

スパイスパン粉のグリーンサラダ

15 分以内で

いつものグリーンサラダにスパイスとナッツたっぷりのドレッシングをかけて持ちより用にレシピをランクアップ。炒ったパン粉を加えて香ばしく仕上げます。パン粉はソフトではなくドライタイプを使ってください。

材料（4～6人分）

ベビーリーフ —— 70g
（好みの）スプラウト —— 1パック
にんにく（みじん切り）—— 1片分
アーモンド、カシューナッツ —— 各10個
パン粉 —— 1カップ
オリーブオイル —— 大さじ2

A
- パセリのみじん切り —— 大さじ2
- クミンパウダー —— 小さじ1/2
- コリアンダーパウダー —— 小さじ1/2
- パルミジャーノ レッジャーノ チーズ（削ったもの）—— 大さじ2
- 塩 —— 小さじ1/4

1 ベビーリーフとスプラウトは合わせて洗い、しっかりと水けをきり容器に入れる。

2 アーモンドとカシューナッツは粗く刻む。

3 フライパンにオリーブオイルとにんにくを入れ中火にかける。香りが立ったらパン粉を入れ軽く色づくまで炒める。**2** と **A** を加えて全体になじむまで炒め、容器に入れる。食べる直前に **1** とあえる。

持ちよりメモ

小分けにして持っていくと食べやすく、取り分ける手間も省けます。

かぶとグレープフルーツのマリネサラダ

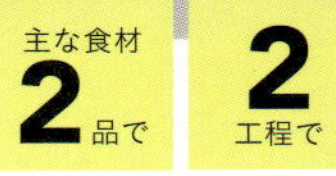

かぶの塩もみという、簡単にできる和の副菜をおしゃれなフルーツサラダにアレンジしました。柑橘の香りと酸み、ハーブの爽快な風味がやさしい甘みを持ったかぶとよく合います。

材料（4～6人分）

かぶ ── 4個
グレープフルーツ ──（大）1個
白ワインビネガー ── 大さじ1
イタリアンパセリ（生）── 4本
塩 ── 小さじ1
オリーブオイル ── 大さじ2
粗びき黒こしょう ── 少々

1 かぶは8等分のくし形に切り、塩を加えてしんなりするまでもみ約5分おき、出てきた水分を軽くしぼる。グレープフルーツは薄皮をむく。

2 1と白ワインビネガーをあえ、オリーブオイルと粗く刻んだイタリアンパセリ、黒こしょうを加えさっとあえる。

アスパラガスと生ハムの春巻き

生ハムの旨みと塩けでみずみずしいアスパラガスをいただきます。春巻きの皮でくるみ、カリッと揚げ焼きすることで香ばしさもプラス。スティック状にすることで食べやすくなり、大人にも子どもにも人気です。

材料（4～6人分）
グリーンアスパラガス ── 10本
生ハム ── 10枚
春巻きの皮 ── 10枚
レモン ── 1個
岩塩 ── 少々
揚げ油 ── 適量
A［ 薄力粉 ── 大さじ2
　 水 ── 大さじ3

1 アスパラガスは根元のかたい部分の皮をむき、生ハムを巻く。

2 春巻きの皮で**1**を包み、包み終わりに合わせた**A**をつけてとめる。

3 フライパンに揚げ油を底から2㎝ほど入れ、中火で中温（170℃）に温め**2**を入れて転がしながら全体がきつね色になるまで揚げる。岩塩をふり、乱切りにしたレモンを添える。

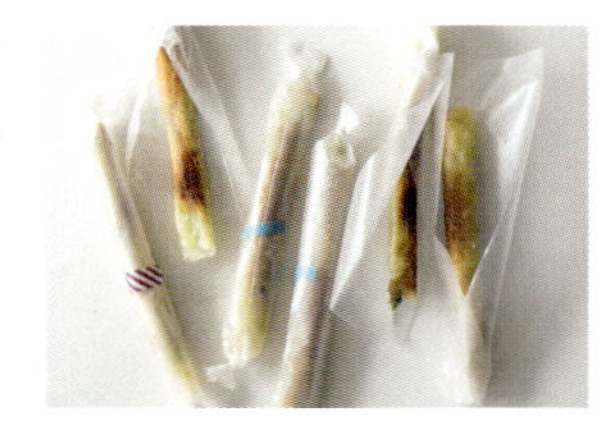

持ちよりメモ　オーブンペーパーで春巻きを1本ずつ包んで端をひねり、真ん中をマスキングテープでとめる。こんなスタイルで持ちよってもいいです。

とうもろこしとひじきのマリネ

さっぱりとしたしょうがじょうゆに黒酢で甘みとコクを加えました。短時間で作りたい場合はコーン缶を使っても。集まりの場で生バジルをどさっとかけていただく和洋折衷マリネ。赤、黄、緑、黒の食材で彩り鮮やかに。

材料（4～6人分）

ひじき（乾燥）── 10g
とうもろこし ── 2本（500g）
＊ホール缶でも可（180g）
赤玉ねぎ ── 1/2個（60g）
バジルの葉 ── 15枚
A［しょうが（みじん切り）── 1片分
　しょうゆ ── 大さじ1
　黒酢 ── 大さじ1
ごま油 ── 大さじ1

1 とうもろこしは皮をむきひげをとる。水をとうもろこしがかぶる程度に入れ、火にかけて沸騰したらとうもろこしを入れ、弱火にして3分ゆで、すぐに取り出す。とうもろこしは食べやすい大きさに身をそぐ。

2 ひじきはかぶるくらいの水に約10分つけて戻し、水けをきったら、沸騰した湯で2分ゆでてざるにあげ水けをふく。

3 赤玉ねぎは繊維に沿って薄切りにし、水に約3分さらし、水けをふく。

4 **1**、**2**、**3**と**A**をあえ、ごま油をまわしかけ、バジルは食べる直前にあえる。

とうもろこしとじゃがいものオムレツ

子どもが大好きなコーン、じゃがいも、卵という組み合わせで、ケーキのような形に。子連れの集まりでは特に盛り上がるメニューです。今回は、ふたの上にのせ、器をかぶせて持っていきます。

材料（4～6人分）
＊直径20㎝のフライパンを使用
とうもろこし —— 2本（500g）
＊ホール缶でも可（180g）
じゃがいも —— （中）2個（200g）
玉ねぎ —— 1/2個（70g）
卵 —— 4個
エメンタールチーズ —— 80g
白ワイン —— 50㎖
塩 —— 小さじ1/3
粗びき黒こしょう —— 少々
オリーブオイル —— 大さじ2

1 とうもろこしは芯から身をそぎ落とす。じゃがいもは皮をむき5㎜厚さの輪切りにする。玉ねぎはみじん切りにする。

2 フライパンを中火で熱しオリーブオイル大さじ1をひいて**1**を入れてさっと炒める。白ワインを加えひと煮立ちさせ、ふたをして弱火で5分蒸し煮。

3 **2**の粗熱をとり、溶いた卵に加え、削ったエメンタールチーズ、塩を加えさっと混ぜる。

4 フライパンを中火で熱し残りのオリーブオイルをひき**3**を流し入れ半熟になるまでかき混ぜる。弱火で8分焼き、裏返してさらに6分焼き、仕上げに黒こしょうをふる。

LA COCOTTE
STAUB
STAUB

Column

手軽に作れるノンアルコールドリンク「ハーブウォーター」が喜ばれます

持ちより会で、アルコールが飲めない方って意外と多いものですよね。とはいえジュースだと甘すぎるし、お茶だとちょっと味けない。

そこで提案したいのが「ハーブウォーター」です。

ミネラルウォーターにハーブを入れるだけ。こんな簡単なノンアルコールドリンクが、思いのほか喜ばれるんです。香りもよく、口のなかもさっぱりして、ちょっとしたつまみから、こってりした肉料理にもあいますし、魚のくさみもやわらげてくれます。

見た目が美しいのもポイントですから、ぜひガラス瓶に入れて。持ちより会での食卓に華を添えてくれます。

今回は、万人受けするさわやかなレシピを2つ紹介します。

- レモングラスウォーター：ガラスジャーに生のレモングラスの葉を40gと、レモンの輪切りを2枚入れ、水1ℓを注ぎ2時間以上おく。
- ミントオレンジウォーター：ガラスジャーに生のミントと15gとオレンジの輪切りを2〜3枚入れ、水1ℓを注ぎ2時間以上おく。

Part 2 いつもの肉で

ごちそう感と食べごたえがある持ちより会の花！
そう、やっぱり盛り上がるのが肉料理。
とはいえ、野菜料理以上に難しいと感じる人も多いようです。
この章では、鍋に豚肉とプルーンを入れるだけでできる、
簡単なのに、まるで人気ビストロ店で出てくるような本格煮込み料理や
コーンフレークを衣にしたサクサクのチキンナゲットなどのアイディア料理が満載です。

豚肩ロースとプルーンの煮込み

ワタナベ家のおもてなし料理の定番です。
評判がよく、リクエストもよく受ける一品なので、気心の知れたお宅に鍋ごと持っていくこともしばしば。
肉はフォークやお箸を入れるとほろほろくずれるほどやわらかく仕上がります。

材料(4～6人分)
豚肩ロースかたまり肉 ── 400g
玉ねぎ ── 1個(150g)
ドライプルーン ── 10個
にんにく(つぶす)── 1片分
タイム(生)── 8本
白ワイン ── 200mℓ
水 ── 300mℓ
塩 ── 小さじ1
粗びき黒こしょう ── 少々
オリーブオイル ── 小さじ1

1 豚肉に塩をよくすりこむ。玉ねぎは6等分のくし形に切る。

2 鍋にオリーブオイルとにんにくを入れ中火にかける。香りが立ったら豚肉を入れ表面全体に焼き目をつける。

3 **2**に玉ねぎを加えてさっと炒め、ドライプルーン、白ワイン、タイム4本、水を加えひと煮立ちさせアクをとる。弱火にし、ふたをして約1時間煮たら、残りのタイムを加え黒こしょうをふり、塩少々(分量外)を加え味を調える。

持ちよりメモ

鍋はふたがしっかり閉まり、保温力も高い厚みのあるものを使ってください。

STAUB

豚肉ときのこのクリーム煮

カレーよりも簡単で特別感もある一品。ものの20分で完成するのもポイント。
ごはんに合うので子どもは大喜び、
ワインやパンにも合うので大人も楽しめるメニューです。

材料（4～6人分）
豚ヒレ肉 —— 400g
玉ねぎ —— 1/2個（70g）
しめじ —— 100g
まいたけ —— 80g
にんにく（薄切り）—— 1片分
イタリアンパセリ（生）—— 4本
薄力粉 —— 大さじ2
白ワイン —— 150mℓ
生クリーム —— 200mℓ
塩 —— 小さじ1
粗びき黒こしょう —— 少々
オリーブオイル —— 小さじ2

1 豚肉は1.5cm厚さに切り薄力粉をはたく。

2 玉ねぎは、繊維に沿って薄切りにし、しめじは石づきをとりほぐす。

3 フライパンににんにくとオリーブオイルを入れて中火にかける。香りが立ったら**1**を入れ表面に焼き目をつける。

4 **2**を加えてさっと炒め、白ワインを加えてひと煮立ちさせ弱火にし、ふたをして約7分煮る。

5 ほぐしたまいたけ、生クリームを加えひと煮立ちさせ、塩、黒こしょう、粗く刻んだイタリアンパセリを加える。器に盛り、黒こしょう少々（分量外）をふる。

持ちよりメモ

豚ヒレ肉のかわりに、鶏もも肉や胸肉で作っても、肉がかたくならずおいしいです。

サルティンボッカ

旨みと塩けの強い生ハムで巻き、
上にのせたトマトの酸みと甘みがしみこんだ豚肉は
ジューシーでとてもおいしい。
ひと口サイズなので、おつまみメニューにピッタリです。
トマトは、あれば細長いイタリアトマトを選んで。

材料（4〜6人分）
豚ロース厚切り肉（とんかつ用）
　— 4枚（600g）
生ハム — 14枚
ミニトマト — 7個
レモン — 1/2個
塩 — 少々
白ワイン — 大さじ2
粗びき黒こしょう — 適量
オリーブオイル — 大さじ1

下準備：オーブンを200℃に予熱する。

1 豚肉は4等分に切り、包丁のみねでたたいて軽くのばし生ハムをきつめに巻く。

2 トマトはヘタをとり縦半分に切る。

3 耐熱容器に**1**、**2**をのせ、トマトに塩をふり、全体に白ワイン、オリーブオイル、黒こしょう少々をふる。予熱したオーブンで20〜25分豚肉にしっかり火が通るまで焼き、レモンをしぼって果汁をまわしかける。仕上げに黒こしょう少々をふる。

持ちよりメモ

ホーローなどの耐熱容器で焼くときも、焼き温度や時間は同じです。

has so many uses!

ローストポーク バルサミコのソースで

オーブンにおまかせの手間いらずで作れ、保存もきく料理なので、
ワタナベ家では、日常から食卓によくのぼります。
持ちよりを意識し、彩りを考えてトレビスをいっしょに焼きました。

材料（4～6人分）
豚ロースかたまり肉 ── 500g
じゃがいも ── (小) 8個 (500g)
(あれば) トレビス ── (小) 1個
にんにく (薄切り) ── 1片分
塩 ── 小さじ1
白ワイン ── 大さじ2
オリーブオイル ── 大さじ2
黒こしょう ── 少々
A バルサミコ酢 ── 50mℓ
　赤ワイン ── 大さじ2
　しょうゆ ── 大さじ1
レモン ── 1/4個
(あれば) セージ (生) ── 1本

下準備：オーブンを130℃に予熱する。

1 豚肉に塩をよくすりこむ。

2 フライパンを中火で熱し、オリーブオイル小さじ1をひいて**1**を入れ、表面全体に焼き目をつける。

3 じゃがいもはよく洗い皮つきのまま4分割する。トレビスは2～3等分にちぎる。

4 耐熱容器に**2**、**3**を入れ、にんにくをちらす。白ワインとオリーブオイル大さじ1と2/3をまわしかけ、塩少々 (分量外)、黒こしょうをふる。予熱したオーブンで50分焼き、粗熱がとれたら肉は薄切りにし、じゃがいもとトレビスとともに容器に入れ、セージとレモンを添える。

5 **A**は小鍋に入れてひと煮立ちさせ、弱火にし2～3分煮詰める。別容器で持っていき食べる直前にかける。

ピスタチオの田舎風パテ

見た目も美しく、食感も楽しく、香ばしいピスタチオを贅沢にたっぷりと混ぜこんだジューシーなパテ。
豚肉に鶏もも肉を少し加えることで味に奥行きが出ます。マスタードをつけて食べるのもおすすめです。

材料（17×8×6cmの型1個分）
豚バラ薄切り肉 ― 300g
鶏もも肉 ― 150g
玉ねぎ ― 1/2個（70g）
セロリ ― 1/3本（70g）
にんにく（みじん切り）― 1片分
ピスタチオ（むき身）― 50g
白ワイン ― 大さじ3
オリーブオイル ― 大さじ2
塩 ― 小さじ1
粗びき黒こしょう ― 少々
タイム（生）― 適量

下準備：オーブンを200℃に予熱する。

1 豚肉は2cm角に、鶏肉は皮を除き1cm角に切る。

2 玉ねぎ、セロリはみじん切りにする。

3 フライパンににんにくとオリーブオイルを入れ中火にかける。香りが立ったら**2**を入れ透き通るまで炒め、バットなどに取り出して冷ます。

4 **1**、**3**、タイムの葉5本分、白ワイン、塩をフードプロセッサーに入れ、なめらかになるまで撹拌する。ピスタチオを加えてさらに軽く撹拌し、型に入れてならし、黒こしょうをふり、予熱したオーブンで35分焼く。容器に移し、タイム適量を添える。粗熱がとれてから切り分ける。

ハムと粒マスタードのペースト

いつものロースハムをフードプロセッサーにかけるだけ！　お酒といっしょに、ちびちび大切にいただきたい味。
白ワインビネガーは酢で代用可。半面にチリパウダーをかければ2種類の味が同時に楽しめます。

材料（4～6人分）
ロースハム ― 200g
玉ねぎ ― 1/3個（50g）
セロリ ― 1/3本（70g）
チリパウダー ― 少々
（あれば）ローズマリー（生）― 1本
A
- 粒マスタード ― 大さじ2
- 白ワインビネガー ― 大さじ1
- ナンプラー ― 小さじ2
- オリーブオイル ― 大さじ2

1 ロースハムは2cm四方に切る。玉ねぎはみじん切りにし水に5分さらして水けをふく。

2 セロリはみじん切りにする。

3 フードプロセッサーに**1**、**2**、**A**を入れてなめらかになるまで撹拌する。

4 容器に入れ、半分にチリパウダーをふり、あればローズマリーを添える。

いつもの 豚肉 で

いつもの ハム で

チキンナゲット

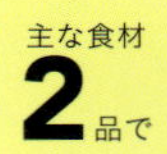

淡白な胸肉をたたいて揚げるひと口大のナゲットは、
冷めてもしっとりしてやわらかく、子どもや男性に人気の味。
持ちよりの定番、唐揚げともひと味違うので、メニューがかぶる心配もありません。
ソースは定番のケチャップやマスタードのほか、
ケチャップにペッパーソースを混ぜたものがよく合います。

材料（約15個分）
鶏胸肉 ── 300g
玉ねぎ ── 1/6個（25g）
にんにく（すりおろし）── 1/2片分
溶き卵 ── 大さじ3
薄力粉 ── 大さじ2
酒 ── 大さじ1
塩 ── 小さじ1/2
粗びき黒こしょう ── 少々
揚げ油 ── 適量
ベビーリーフ ── 好みの量
ケチャップ、マスタード、
　ペッパーソース ── 各適量

1 鶏肉は皮を除き包丁で細かくたたく。

2 玉ねぎはみじん切りにし、**1**と合わせ、にんにく、薄力粉、酒、塩、こしょうを加えて混ぜる。

3 形をひと口大の小判形に整え、薄力粉（分量外）、溶き卵の順に薄くまぶし、中温（170℃）の油できつね色になるまで揚げる。最後に5秒ほど火を強める。ベビーリーフ、ケチャップ、マスタード、ペッパーソースを添える。

カッチャトーラ

あっさり、さっぱりしたチキンと野菜のトマト煮です。
温めなおせば野菜たっぷりのホットサラダとして楽しめますし、
夏などは冷やしてもおいしくいただけます。
なすやピーマンなどを加えてもおいしいです。
余った汁でショートパスタをあえてもいいでしょう。

材料（4～6人分）
鶏もも肉 — 400g
玉ねぎ — 1個（150g）
ズッキーニ（緑、黄）— 2本（300g）
にんにく（つぶす）— 1片分
トマトホール缶 — 1缶（400g）
薄力粉 — 大さじ2
A ローリエ — 1枚
　ローズマリー（生）— 3本
　白ワイン — 80mℓ
塩 — 小さじ1
粗びき黒こしょう — 少々
オリーブオイル — 大さじ1

1 鶏肉は皮を除き、食べやすい大きさに切り薄力粉をはたく。

2 玉ねぎは縦半分に切り、繊維に沿って1cm幅に切り、ズッキーニは1.5cm厚さの輪切りにする。

3 鍋にオリーブオイルとにんにくを入れ中火で熱し、香りが立ったら**1**を入れて表面に焼き目がつくまで焼く。

4 **2**を加えしんなりするまで炒め、**A**とトマトをつぶしながら加えてひと煮立ちさせアクをとる。ふたをして弱火にし約20分煮て、塩、黒こしょうを加えて味を調える。

鶏ささみのバジルマリネ

ボリュームのあるおかずサラダ。りんごの甘みとシャキシャキした食感はささみとの相性抜群です。バジルは、あえて持っていくと色が変わってしまうので、別添えで持っていき、集まりの場で手でちぎってあえます。

材料（4～6人分）

鶏ささみ —— 6本（500g）
赤玉ねぎ —— 1/2個（60g）
りんご —— 1個
バジル（生）—— 25g
酒 —— 大さじ2
レモン果汁 —— 大さじ1
A
- 白ワインビネガー —— 大さじ1
- ナンプラー —— 大さじ1
- しょうが（すりおろし）—— 1片分

オリーブオイル —— 大さじ2
粗びき黒こしょう —— 好みの分量

1 鍋に湯を沸かし、酒を加え、筋を除いたささみを入れて2分30秒ゆでて火をとめる。ふたをしてそのまま冷まし、水けをふく。

2 赤玉ねぎは繊維に沿って薄切りにし、水に約3分さらして水けをふく。

3 りんごは皮をむき2㎝角に切り、レモン果汁をまわしかける。

4 1を食べやすい大きさに裂き、**2**、**3**、**A**を加えてなじませ、オリーブオイルをまわしかける。容器に移し、黒こしょうをふる。バジルは別に持っていき、食べる直前に加えてさっと混ぜる。

クリーミーレバーペースト

クリーミーで濃厚な味わいは、パンとワインのお供として喜ばれます。レバーはくさみを除くため牛乳にひたし、しっかりもみ洗いすること。常温で約3日間保存可能ですから、前日から作っておくと当日慌てません。

材料（4～6人分）

鶏レバー —— 200g
牛乳 —— 200㎖
生クリーム —— 100㎖
バター —— 80g
A［オリーブオイル —— 大さじ3
　にんにく —— 1片
玉ねぎ（1㎝角）—— 1/2個分（70g）
B［タイム（生）—— 3本
　ブランデーまたは赤ワイン —— 150㎖
タイム（生）—— 適量（仕上げ用）
粗びき黒こしょう —— 好みの分量

1 レバーは牛乳に約10分ひたしてもみ洗いし、流水で洗い水けをふく。

2 鍋に**A**を入れ中火で熱し、香りが立ったら玉ねぎを加え、透き通るまで炒める。

3 **2**にレバー、**B**を加えて弱火にしひと煮立ちさせ、汁けがなくなるまで炒め煮にする。

4 フードプロセッサーに**3**とバターを入れペースト状にする。生クリームも少しずつ加えなめらかになるまで撹拌する。温かいうちに容器に移し、オリーブオイル適量（分量外）をペーストがひたひたになるまで注ぎ、タイムと粗びき黒こしょうをのせる。

主な食材 **2**品で

クリスピーチキン

コーンフレークを衣にしているので、冷めてもカリッとした食感を楽しめます。また衣に包まれた肉はしっとりジューシー、フレークのほのかな甘みもおいしく、飲み会の場では特に人気のあるメニューです。

材料（4～6人分）

鶏もも肉 ── 400g
しょうが（すりおろし）── 2片分
薄力粉 ── 大さじ3
コーンフレーク（プレーン）── 2カップ
揚げ油 ── 適量
A
- しょうゆ ── 大さじ1
- 酒 ── 大さじ2
- 卵 ── 1個

（あれば）タイム（生）── 2本

1 鶏肉は好みで皮を除き、大きめに切る。しょうがと**A**を加えてよくもみこみ、約15分おく。

2 **1**に薄力粉をふり入れて粉っぽさがなくなるまで混ぜ、粗くくだいたコーンフレークをまぶす。

3 油を中温（170℃）に温め、**2**を入れ、こんがりと色づいたら火を強めて温度を高温（180℃）に上げ、きつね色になるまで揚げる。容器に移しタイムを添える。

主な食材 2品で　2工程で

鶏肉のマスタード焼き

肉を調味液に漬けこんだら、あとはオーブンに放りこんで焼くだけの楽ちんメニュー。肉を巻くための野菜は持ちより仕様におしゃれなものを使いましたが、サニーレタスなどでもOK。豚ヒレ肉で作ってもおいしいです。

材料（4～6人分）

鶏もも肉 ── 500g
ロメインレタス ── 好みの分量
イタリアンパセリ ── 好みの分量
ライム ── 1/2個
A
- にんにく（すりおろし）── 1片分
- 粒マスタード ── 大さじ3
- 酒 ── 大さじ2
- しょうゆ ── 大さじ2
- オリーブオイル ── 大さじ2

下準備：オーブンを210℃に予熱する。

1 鶏肉は好みで皮を取り除き、Aを加えてよくもみこみ約15分おく。

2 1を予熱したオーブンで15～20分焼く。容器に入れ、ロメインレタス、イタリアンパセリ、ライムを添える。食べる直前にライムをしぼりレタスで鶏肉やイタリアンパセリを巻いて食べる。

主な食材 **2** 品で

牛肉のタリアータとマッシュポテト

歓声があがること間違いなしのローストビーフ。ミルキーなマッシュポテトは必ず添えて！
案外手間いらずなのも嬉しいレシピ。ごはんにのせてローストビーフ丼にしても喜ばれます。
ちなみにタリアータとは肉を薄く切って出す料理のことです。

材料（4～6人分）

牛ももかたまり肉 ── 400g
塩 ── 小さじ1と1/3
にんにく ── 1片
じゃがいも ── 3個（300g）
タイム（生）── 7本
白ワイン ── 大さじ2
A ［塩 ── 小さじ1/4
　牛乳 ── 100㎖
　バター ── 20g
オリーブオイル ── 小さじ2
《ソース》
B ［赤ワイン ── 80㎖
　しょうゆ ── 大さじ1
C ［水 ── 大さじ1
　片栗粉 ── 小さじ1

1 牛肉に塩小さじ1をよくもみこむ。

2 フライパンにオリーブオイルとにんにくを入れ弱めの中火にかける。香りが立ったら**1**を入れ全面（6面）を3分ずつ焼きつける。アルミ箔にのせタイムをのせて包み約30分おく。

3 マッシュポテトを作る。じゃがいもは皮をむき6等分に切り、鍋に入れてかぶるくらいの水（分量外）と白ワインと塩小さじ1/3を加えて中火にかける。煮立ったら弱火にし約8分ゆでてじゃがいもがやわらかくなったら水を軽く捨て、弱火にかけながらじゃがいもをつぶす。

4 **3**に**A**を加え泡立て器で混ぜながらなめらかにする。

5 ソースを作る。**B**を小鍋に入れて中火にかけ、ひと煮立ちしたら弱火にし、3分煮詰め、混ぜ合わせた**C**を加えてとろみをつける。

持ちよりメモ

肉、マッシュポテト、ソースを別にして持っていき、食べる直前に肉を切り分けて器に盛り、マッシュポテトを添え、ソースをかけて食べる。

オッソブッコ

食材を鍋に入れたらあとは時間におまかせ。ごちそうなのに、
手間いらずのメニューです。温めなおしていただきます。

材料（4～6人分）
牛スネ肉 ── 500g
玉ねぎ ── 1個（150g）
セロリ ── 2/5本（80g）
大豆（水煮）── 200g
＊乾燥の状態で80g
にんにく（つぶす）── 1片
塩 ── 小さじ1と1/3
オリーブオイル ── 小さじ2
A［セロリの葉 ── 4枚
ローリエ ── 1枚
赤ワイン ── 700mℓ

下準備：乾燥大豆を使う場合は、たっぷりの水にひと晩つける。ひたした水ごと火にかけ、沸騰したらアクをとりながら軽く煮立つくらいの火加減にし、約1時間、豆がやわらかくなるまでゆでる。途中、水分が少なくなってきたら、水適量を加えながらひたひたの状態を保つ。

1 牛肉に塩をよくもみこむ。

2 玉ねぎ、セロリはみじん切りにする。

3 鍋ににんにくとオリーブオイルを入れ中火にかける。香りが立ったら1を入れ、表面全体に焼き目をつけ、一度取り出す。

4 2を3の鍋に入れ、透き通るまで炒め、3の牛肉を戻してAを加えひと煮立ちさせる。弱火にしふたをしてときどき混ぜながら約40分煮て、大豆の水煮を加えさらに20分煮る。

STAUB

牛肉と根菜のラグー

人気メニューのミートソースに野菜をたっぷり入れました。これなら、
野菜が苦手な子どももモリモリ食べられますし、野菜好きな大人も満足です。
ショートパスタは、持って行きやすく、味もからみやすく食べやすいのでおすすめ。
今回は、パッケリというショートパスタを添えました。

材料（4～6人分）
牛ひき肉 ── 400g
玉ねぎ ── 1個（150g）
れんこん ── 250g
ごぼう ── 1本（200g）
にんにく（みじん切り）── 1片分
オリーブオイル ── 小さじ2
A［赤ワイン ── 200㎖
　トマトホール缶 ── 1缶（400g）
タイム（生）── 6本
ウスターソース ── 大さじ2
塩 ── 小さじ1と1/3
粗びき黒こしょう ── 少々
ショートパスタ ── 1袋

1 玉ねぎはみじん切りにする。れんこんは皮をむき5㎜角に切り、ごぼうは皮をこそげて5㎜角に切り、それぞれ水にさっとさらし水けをきる。

2 鍋にオリーブオイルとにんにくを入れ中火にかけ香りが立つまで炒める。**1**を加え玉ねぎが透き通ったらひき肉を入れ肉の色が変わるまで炒める。

3 **A**をトマトをつぶしながら加え、ひと煮立ちさせアクをとる。弱火にし、タイムとウスターソースを加えふたをしてときどき混ぜながら約30分煮る。塩、黒こしょうを加え味を調える。

持ちよりメモ
ホーローで持っていけば、そのままコンロにかけられるので便利です。

ひき肉となすのラザニア

ラザニアといえば、トマトとホワイトの２種類の
ソースを作らねばならず手間のかかるイメージ。
でもこれは生のトマトを重ね入れて焼きながら
ソースにしてしまう簡単なレシピです。
肉とトマトとホワイトソースの旨みを
しっかり吸ったなすが最高においしい！

作り方は P.86

ひき肉とマッシュルーム、レーズンのミートローフ

レーズンの甘みとマッシュルームの旨みが肉に加わり、
大人っぽく、奥行きのある味わいのミートローフに。
アルミ箔の容器で小分けにして作っておけば、
焼き時間は短く、取り分ける手間も省け、洗い物も減り、
もしも食べきれなかった場合にはおみやげにできると
いいことずくめです。

作り方は P.87

ひき肉となすのラザニア

材料（4～6人分）
牛ひき肉 ── 200g
玉ねぎ ── 1個（150g）
なす ── 5本（360g）
トマト ── 2個（400g）
にんにく（みじん切り）── 1片分
パルミジャーノレッジャーノチーズ ── 20g
ラザニアシート ── 6枚
オリーブオイル ── 大さじ4
A［白ワイン ── 大さじ2
　塩 ── 小さじ1
　粗びき黒こしょう ── 少々
バター ── 50g
薄力粉（ふるう）── 50g
牛乳 ── 200㎖
生クリーム ── 100㎖

下準備：オーブンを220℃に予熱する。

1 なすはヘタを除き1.5㎝厚さの輪切りにし水にさっとさらして水けをきる。玉ねぎはみじん切りにする。

2 フライパンを中火で熱し、オリーブオイル大さじ2をひいてなす半量を入れ両面に焼き目がつくまで焼き、しんなりしたら一度バットに取り出し、塩少々（分量外）をふる。残りも同様に。

3 **2**のフライパンににんにくとオリーブオイル少々（分量外）を入れ香りが立つまで炒め、玉ねぎを加えて透き通るまで炒める。ひき肉を加え肉の色が変わるまで炒め、**A**を加えて汁けがなくなるまで炒める。

4 湯2ℓにラザニアシート、塩とオリーブオイル各大さじ1（ともに分量外）を入れ袋の表示通りにゆでてざるにあげる。

5 別のフライパンにバターを入れ弱めの中火で熱し、薄力粉を加え粉っぽさがなくなるまでへらで混ぜる。牛乳と生クリームをそれぞれ少しずつ加えへらでとろみがつくまで煮て塩少々（分量外）を加える。

6 耐熱容器に**2**、**3**、**4**の半量を重ねて入れる。1㎝厚さの輪切りにしたトマトを並べ、**5**の半量をのせる。さらに、残りの**2**、**3**、**4**を重ね、**5**をのせてならし、パルミジャーノレッジャーノチーズを削り入れる。

7 予熱したオーブンで約12分、焼き目がつくまで焼く。

ひき肉とマッシュルーム、レーズンのミートローフ

材料（6人分）
合いびき肉 ── 500g
玉ねぎ ── 1個（150g）
マッシュルーム ── 5個
レーズン ── 60g
タイム（生）── 6〜8本
牛乳 ── 100㎖
パン粉 ── 1/2カップ
オリーブオイル ── 少々

A
- トマトケチャップ ── 大さじ1
- ウスターソース ── 大さじ1
- 卵 ── 1個
- 塩 ── 小さじ1
- 粗びき黒こしょう ── 少々

下準備：オーブンを200℃に予熱する。

1 玉ねぎはみじん切りにし、耐熱容器に入れラップをして電子レンジで2分30秒加熱し粗熱をとる。マッシュルームを薄切りにする。

2 合いびき肉に玉ねぎと牛乳にひたしたパン粉、**A**を加えて粘りが出るまでよく混ぜる。

3 **2**にマッシュルーム（12枚は飾り用に取り分ける）とレーズンを加えて混ぜる。オリーブオイルをぬった容器に入れ、取り分けたマッシュルーム2枚ずつとタイムをのせて予熱したオーブンで30分焼く。

持ちよりメモ

小分けにせず、大きめの耐熱容器などで作る場合は、200℃で35〜40分焼きます。

いつもの ひき肉 で

鶏ひき肉とれんこんの
つくね焼き

直径20㎝のフライパンで焼いたつくね焼きは、
ケーキのように切り分けて食べます。ポイントは、
れんこんのシャクシャク感。ねぎとすだちをたっぷりかけて。

材料（直径20㎝のフライパン1個分）

鶏ひき肉 — 400g
れんこん — 200g
長ねぎ — 2/5本（60g）
しょうが（すりおろし）— 2片分
A
- みそ — 大さじ1
- しょうゆ — 小さじ1
- 酒 — 大さじ1
- 卵 — 1個
- 片栗粉 — 大さじ2

ごま油 — 大さじ1と1/2
白炒りごま — 小さじ2
万能ねぎ — 好みの分量
すだち、かぼすなどの柑橘類 — 適量

1 れんこんは皮をむき7枚の薄い輪切りに、残りは1㎝角に切り、さっと水にさらして水けをふく。長ねぎはみじん切りにする。

2 ひき肉に**1**（れんこんの輪切りは除く）、しょうが、**A**を加えて粘りが出るまでよく混ぜる。

3 フライパンを中火で熱し、ごま油をひき、れんこんの輪切りを並べ、**2**を敷き詰めて焼き目がつくまで焼く。皿などをかぶせて裏返してフライパンに戻し、弱火にして約12分焼き、容器に入れ白炒りごまをふる。柑橘類は6等分し、万能ねぎは小口切りにして添える。粗熱がとれてから切り分けて食べる。

Column

ワタナベ家の定番
作る時間がないときにたよる手みやげ

持ちより会へは、できることなら手料理を持っていきたいけれど、時間がなければ買っていくのも、もちろんあり。そんな、いざというときに頼れるお気に入りのお店をもっておくと便利ですよね。

ところでワタナベ家でおみやげといえば、東京、日本橋「小洞天」のポークシュウマイと決まっていました。夜遅くなった父がご機嫌で持って帰ってくるおみやげも、親戚の家に持っていくご挨拶の手みやげも、豚肉がぎゅっとつまった「小洞天のシュウマイ」。ゆるぎません。ですから、自分の差し入れもやっぱり「小洞天のシュウマイ」になることが多いのです。昭和19年創業時からのかわらぬ味は、どこか懐かしく、誰からも喜ばれますし、シュウマイって大人のおつまみにも、子供のおかずにもなるので、持ちよりにはピッタリなのです。

日本橋小洞天：東京、日本橋本店のほか都内レストラン５カ所とデパート８カ所で購入可能。
またネット通販もしているので、前もって注文することもできて便利。
http://www.shodoten.com/

Part 3
いつもの魚介で

魚介料理は、とくに女性に人気がありますが、
ボリュームを出すにはちょっとお財布に厳しい面もありますし、
そもそも魚をさばくのは苦手という人も多く、ハードルが高い料理です。
ここで紹介するのは、簡単でいて見た目も華やか、
食べごたえもあって、みんなにまちがいなく喜ばれる、
おしゃれな4品の精鋭メニューたちです。

エビとアスパラのディルオイル蒸し

蒸し時間8分でできるので忙しいときにおすすめのメニュー。
エビは殻つきのものを使ってください。殻から出るだしがおいしくします。
また、ディルの茎の部分をいっしょに蒸すことでハーブの香りがしっかり移ります。
温かくても、冷めてもおいしいのでお好みで。

材料(4〜6人分)
エビ(ブラックタイガー、大正エビなど)── 15尾
グリーンアスパラガス(細めのもの)── 10〜12本
ディル(生)── 4本
A［ 白ワイン ── 大さじ3
　 ナンプラー ── 大さじ2
にんにく(せん切り)── 1片分
ごま油 ── 大さじ2
片栗粉 ── 大さじ3

1 エビは背わたをとり片栗粉をまぶして流水でもみ洗いし水けをきる。

2 アスパラガスは根元のかたい部分の皮をむく。

3 **1**を耐熱容器かオーブンペーパーにのせて**A**をよくもみこみ、にんにくをのせ、ごま油をまわしかけ、蒸気の上がった蒸し器で6分蒸す。

4 **2**とざく切りにしたディルの葉をのせ、さらに2分蒸す。

持ちよりメモ

おいしいエキスも余すことなくいただくために、蒸すときに使ったオーブンペーパーごと容器に入れて持っていきましょう。

サーモンとホタテのケイパーマリネ

15 分以内で

素材を切ってあえるだけ。15分もかからず完成です。
作りたてでもおいしく食べられるので、忙しいとき、
でかける直前にパパッと作れる「持ちよりリスト」に入れておくと便利です。
持ちより仕様に赤玉ねぎとケイパーで彩りを添えました。

材料（4～6人分）

サーモン（刺身用）── 150g
ホタテ（刺身用）── 8個
赤玉ねぎ ── 1/2個（60g）
A ケイパー（酢漬け）── 30g
　しょうがのしぼり汁 ── 1片分
　白ワインビネガー ── 大さじ2
　塩 ── 小さじ1/2
オリーブオイル ── 大さじ3
粗びき黒こしょう ── 少々

1 赤玉ねぎは繊維に沿って薄切りにし、水に3分さらして水けをきり、水けをふく。

2 サーモンとホタテは2㎝角に切る。

3 1、2、Aをさっとあえる。オリーブオイルを加えて混ぜ、黒こしょうをふる。

サケのエスカベーシュ

魚の南蛮漬けは定番ながら人気のメニュー。
食材はサケ、玉ねぎ、セロリでシンプルレシピに。20分もあればできます。
ひと味違う秘密は、隠し味に使ったナンプラー。リピートしたくなるおいしさです。

材料（4～6人分）
生サケ ── 4切れ（500g）
玉ねぎ ── 1個（150g）
セロリ ── 1本（160g）
薄力粉 ── 1/2カップ
オリーブオイル ── 適量
塩 ── 小さじ1

A
- 白ワイン ── 50㎖
- 白ワインビネガー（酢でも可）── 100㎖
- ナンプラー ── 大さじ3
- てんさい糖 ── 大さじ1
- 水 ── 50㎖

B
- レモン果汁 ── 大さじ2
- レモンの輪切り ── 3～4枚
- パセリ（みじん切り）── 大さじ2
- 粗びき黒こしょう ── 好みの分量

1 生サケは塩をふり約10分おき、出てきた水分をふいて食べやすい大きさに切り、薄力粉を薄くはたく。

2 玉ねぎは半分に切り、繊維に沿って薄切りにし、セロリは筋をとり斜め薄切りにする。

3 **A**を小鍋に入れ、中火にかけてひと煮立ちさせたら火をとめ**2**を漬け込み、容器に移す。

4 オリーブオイルをフライパンの底から2㎝ほどまで注ぎ、中火にかけ中温（170℃）に温め、**1**を入れて返しながら色づくまで揚げ、**3**に入れる。

5 **B**を加えてなじませる。オリーブオイル30㎖を加えてさっと混ぜる。

タコと玉ねぎのマリネ

15 分以内で　**2** 工程で

切ってあえるだけ！　手間も時間もかからないお助けレシピです。持ちより仕様に紫が美しく、少しの苦みがおいしいトレビスを添えて。タコと玉ねぎはトレビスにのせていっしょに食べます。

材料（4～6人分）

ゆでタコ —— 300g
玉ねぎ —— 1/2個（70g）
トレビスの葉 —— 7枚
A
- レモン果汁 —— 大さじ2
- にんにく（みじん切り）—— 1片分
- 塩 —— 小さじ1/2

（好みで）青唐辛子（赤唐辛子でも可）—— 1本
オリーブオイル —— 大さじ2
レモン —— 1/4個
粗びき黒こしょう —— 少々

1 玉ねぎは繊維に沿って薄切りにし、水に約5分さらして水けをふく。タコは薄切りにする。

2 1とAをあえ、オリーブオイルをまわし入れる。ちぎったトレビスと好みで青唐辛子とレモンを添え、黒こしょうをふる。

持ちよりメモ

シンプルなアルミのお弁当箱は、彩りの美しい料理がよくはえるので、持ちよりパーティ用の容器としておすすめ。

Part 4

いつもの卵とチーズで

ゆでても焼いても、蒸してもおいしい、みんなの大好きな卵料理。
価格が手頃なのも嬉しいポイントです。
身近な食材ですが、ちょっとした工夫で十分
持ちよりにふさわしいメニューになります。
どれも手を動かす時間は15分以内と気楽なものばかりなので、
安心してページをめくってくださいね。

ふわふわ卵とディルサンド

和風の卵焼きでなく、ディルの爽快な香りが口いっぱいに広がる厚焼き卵のサンドイッチ。
黄色と緑が見た目にも美しく、シンプルで簡単にできるのに
“とっておき感”のあるメニューです！

主な食材 **2** 品で　**15** 分以内で

材料（4～6人分）

A
- 溶き卵 —— 4個分
- 牛乳 —— 大さじ2
- マヨネーズ —— 大さじ1
- 塩 —— 小さじ1/3
- 粗びき黒こしょう —— 少々

ディル（生）—— 4本
ディジョンマスタード —— 適量
オリーブオイル —— 大さじ1
サンドイッチ用パン —— 8枚

1 Aと粗く刻んだディルをよく混ぜる。

2 パンの片面にマスタードを薄くぬる。

3 フライパンを中火で熱しオリーブオイルをひく。1を入れて菜箸でかき混ぜながらふんわりと全体に火を通し、パンの大きさに合わせて卵焼きを作る。

4 2のパン4枚に均等にのせて残りのパンではさみ、3分ほどそのままおいて切り分ける。

持ちよりメモ

ひと口サイズに切り分けて、フィンガーフードスタイルにするのもおすすめです。

うずら卵のハーブ漬け

主な食材2品で　2工程で

ひと口サイズのうずらの卵は、食べやすくて、かわいくて、パーティフードにぴったりな食材。おいしいオリーブオイルとディルさえあれば、すぐに作れます。漬けて2時間後からおいしく食べられます。

材料（4～6人分）

うずら卵（ゆでたもの）── 15個
ディル（生）── 3本
A
- 粒黒こしょう ── 8粒
- ローリエ ── 1枚
- 塩 ── 小さじ1
- 白ワインビネガー ── 大さじ2
- オリーブオイル ── 大さじ3

1 うずらの卵は殻をむき、合わせたAに漬けて2時間以上なじませる。

2 1を容器に入れディルをのせる。ディルといっしょに食べる。

持ちよりメモ

冷蔵庫で約4日間保存可能。

卵のオイスター漬け

主な食材1品で

味つけ卵も人気のメニュー。今回は八角の風味をきかせ、オイスターソースと紹興酒の甘みで味をつけた中華風レシピをご紹介します。卵のゆで加減はやや半熟がポイント。ゆで時間はレシピ通りに！

材料（6人分）

卵 ── 6個
A
- オイスターソース ── 大さじ3
- 紹興酒 ── 大さじ2
- 八角 ── 1個
- 黒酢 ── 50mℓ
- しょうゆ ── 大さじ1
- 水 ── 100mℓ
- 塩 ── 小さじ1/3

1 卵は常温に戻し、沸騰した湯で7分ゆでてすぐ冷水にさらし殻をむき、水けをふく。

2 Aを小鍋に入れて中火にかけ、ひと煮立ちさせたら1を漬ける。粗熱がとれたら容器に移して2時間以上なじませる。

持ちよりメモ

冷蔵庫で約4日間保存可能。

マッシュルームのフラン

主な食材 **2** 品で

生クリームとチーズでコクを、マッシュルームで旨みを加えた洋風茶碗蒸しです。ポイントはふるふるの食感。蒸し時間は厳密に！　また白ワインのかわりにささみをゆでた汁を使ってもおいしいです。

材料（4～6人分）
60㎖と150㎖の耐熱容器各2個使用

溶き卵 ── 4個分
マッシュルーム ── 2個

A
- 生クリーム ── 大さじ4
- 白ワイン ── 大さじ2
- 塩 ── 小さじ1/4

B
- パセリ（みじん切り）── 大さじ1
- パルミジャーノレッジャーノチーズ（削ったもの）── 小さじ2

オリーブオイル ── 大さじ2

1 溶き卵に**A**を加えてよく混ぜ、ざるでこす。

2 **1**に**B**を加えて耐熱容器に入れ、薄切りにしたマッシュルームを加える。

3 **2**は蒸気の上がった蒸し器に置き、60㎖の容器は4～5分、150㎖の容器は10～12分蒸し、竹串をさして何もついてこなければ蒸し器から取り出し、オリーブオイルをまわしかける。

Part 5
いつもの
ごはんで

持ちより会で、思いのほか重宝がられるのが“ごはんもの”。
とはいえ、のりまきやおむすびを作る余裕はない。
そんなときには、混ぜるだけのライスサラダや、
鍋ごと持っていく炊きこみごはんをおすすめします。
2種の刺身をのせるだけでできる簡単で洗練されたちらし寿司や、
子どもたちに大人気の冷めてもおいしい
ライスコロッケなどは、ぜひ定番にしたいメニューです。

ツナとオリーブのライスサラダ

切って混ぜるだけで見た目も味も爽やかなライスサラダの完成です。
香りのよいバジルと黒こしょうをたっぷり、
オリーブとレモンの酸みでさっぱり、ナンプラーでコクをプラスしました。

材料（4～6人分）
温かいごはん —— 茶碗3杯分（480g）
ツナ —— （大）1缶（175g）
赤玉ねぎ —— ½個（60g）
バジルの葉（生）—— 15枚
A［グリーンオリーブ（種なし）—— 20個
　しょうが（みじん切り）—— 1片分
　ナンプラー —— 大さじ1
　レモン果汁 —— 大さじ2
オリーブオイル —— 大さじ1と½
粗びき黒こしょう —— 好みの量

1 ツナは汁けをきり、赤玉ねぎは繊維に沿って薄切りにし水に約3分さらし水けをふく。

2 ツナと赤玉ねぎと**A**を合わせて混ぜ、ごはんを加えてなじませる。オリーブオイルと粗びき黒こしょう、バジルの葉10枚はちぎってあえる。仕上げにバジルの葉を5枚添える。

カマンベールチーズのライスコロッケ

子どもはライスコロッケが大好き！　中にチーズを入れれば売り切れ必至です。冷めてもおいしいのもポイント。パセリをパクチーにかえたり、ごはんにクミンを少々ふってもOKです。20分もあれば作れます。

材料（10個分）

温かいごはん —— 500g
玉ねぎ —— 1/2個（70g）
カマンベールチーズ —— 1個（200g）
A
- 松の実（ローストしたもの）—— 20g
- パセリ（みじん切り）—— 大さじ2
- 塩 —— 小さじ1/3
- しょうゆ —— 小さじ1

薄力粉 —— 大さじ3
溶き卵 —— 1個分
パン粉（細びき）—— 1カップ
オリーブオイル —— 適量
（あれば）岩塩 —— 少々

1 玉ねぎはみじん切りにし耐熱容器に入れてラップをし、電子レンジで2分加熱し粗熱をとる。

2 カマンベールチーズは10等分に切る。

3 ごはんに、**1**と**A**を加えて混ぜて10等分し、**2**を包みながらピンポン玉くらいの大きさに丸める。

4 **3**に薄力粉、溶き卵、パン粉の順にまぶす。中温（170℃）に熱したオリーブオイルできつね色になるまで揚げる。あれば岩塩をふる。

トマトのリゾット

材料も作り方もシンプル。持ちより先で電子レンジなどで温めてからチーズをふっていただきます。市販の粉チーズでもいいですが、あればパルミジャーノとチーズ削り器を持っていき、みんなの前で削ると盛り上がります！

材料（4～6人分）

米 ── 1.5合
ミニトマト ── 20個
玉ねぎ ── $\frac{1}{2}$個（70g）
にんにく（みじん切り）── 1片分
パルミジャーノレッジャーノチーズ
（削ったもの）── 40g
白ワイン ── 80mℓ
水 ── 220mℓ
塩 ── 小さじ$\frac{1}{2}$
粗びき黒こしょう ── 少々
オリーブオイル ── 大さじ2

1 ミニトマトはヘタをとり4等分のくし形に切る。玉ねぎはみじん切りにする。

2 フライパンにオリーブオイルとにんにくを入れ、香りが立ったら玉ねぎを加え透き通るまで炒める。

3 ミニトマトと米を加えくずしながらなじませ、白ワインを加えひと煮立ちさせる。水を加えてさらにひと煮立ちさせたらアクをとり弱火にし、へらで混ぜながら約15分煮る。塩とパルミジャーノチーズの半量を加えてなじませる。容器に移し、黒こしょうをふる。残りのチーズは食べる直前にふる。

鶏とごぼうの炊きこみごはん

鶏とごぼうから出るだしがしっかりしみこんだ炊きこみごはん。
おいしい秘密は大さじ4のもち米を入れること。
これだけで、おこわのようにもっちり仕上がり、冷めてもおいしいのです。

材料（4～6人分）
鶏もも肉 ── 200g
ごぼう ── 1本（200g）
長ねぎ ── 1/2本（80g）
しょうが（みじん切り）── 1片分
米 ── 2合
もち米 ── 大さじ4
酒 ── 50㎖
水 ── 400㎖
ごま油 ── 小さじ2
しょうゆ ── 大さじ1
塩 ── 小さじ2/3
黒炒りごま ── 小さじ2

1 鶏肉は皮を除き2㎝角に切る。ごぼうは皮をこそげてささがきにして水に約3分さらし水けをきる。長ねぎは小口切りにする。

2 米ともち米を合わせて洗い水けをきる。

3 鍋を中火で熱し、ごま油をひき、しょうがとごぼうを入れて香りが立つまで炒める。

4 鶏肉と長ねぎを加えて肉の色が変わるまで炒め、酒を加えひと煮立ちさせる。

5 **2**を加えてなじませ、水を加えてひと煮立ちさせたらアクをとる。

6 しょうゆ、塩を加え、ふたをして弱火で約20分炊き、火をとめて10分蒸らし、黒炒りごまをふる。

タイとホタテのちらし寿司

ちらし寿司といえば具材を贅沢にあれこれ使った
手間のかかる料理というイメージですが、
これはタイとホタテだけで潔くシンプルに作ります。
わさびじょうゆはもちろん、
岩塩をふってもおいしくいただけます。

材料（4〜6人分）
温かいごはん ── 2合分
タイ（刺身用）── 200g
ホタテ（刺身用）── 10個
大葉 ── 4枚
芽ねぎ ── 1/2パック
すだち ── 1〜2個
(あれば)穂じそ ── 好みの分量
白炒りごま ── 大さじ2
A［米酢 ── 80mℓ
　てんさい糖（上白糖でもよい）
　── 大さじ2
　塩 ── 小さじ1

1 タイとホタテは1.5㎝角に切る。

2 ごはんに合わせた**A**と白炒りごまを加えて、しゃもじで切るように混ぜ、粗熱がとれたら容器に移す。

3 **2**に**1**をのせ、せん切りにした大葉、芽ねぎ、薄い輪切りにしたすだち、白炒りごま（分量外）、あれば穂じそなどをちらすようにのせる。好みでわさびじょうゆ（分量外）をつけるか、塩（分量外）をふって食べる。

少し
背伸びした
食材で……… 2

レストランで食べることはあっても、
家ではなかなか作らないクスクス料理。
でもクスクスは、
小麦粉を小さな粒状にしたパスタなので
熱湯に10分つけておくだけで食べられる、
案外手軽な食材なのです。
時間がないときこそ活躍する
珍しいクスクス料理は持ちより会にピッタリ！

緑のクスクス

ブロッコリーとさやいんげんを
メインにした
グリーンのはえるひと皿。
アンチョビの塩けとレモン、
オリーブオイルをベースに
さっぱりといただきます。

赤のクスクス

かぶと大根を足して割ったような
甘くてほっくりしたビーツ、
そしてミニトマトで赤く彩った
クスクスレシピ。
ナンプラーでエスニックテイストに
仕上げました。

赤のクスクス

材料（4～6人分）
ミニトマト ── 10個
ビーツ ──（小）1個（200g）
赤玉ねぎ ── ½個（60g）
クスクス ── 1カップ
白ワイン ── 大さじ2
塩 ── 小さじ¼
A ［ 赤ワインビネガー ── 大さじ2
　 ナンプラー ── 大さじ1
オリーブオイル ── 大さじ2

1 トマトは4等分に切る。
2 ビーツは厚めに皮をむき2㎝角に切る。鍋に湯を沸かし、白ワインとビーツを入れて約12分ゆでてざるにあげ水けをよくきる。
3 ボウルにクスクス、塩、オリーブオイル大さじ1、熱湯200㎖（分量外）を入れて混ぜ、アルミ箔をかぶせて10分おく。
4 赤玉ねぎはみじん切りにして水に約3分さらし、水けをふく。
5 **1**、**2**、**4**、**A**を合わせて味をなじませ、**3**とオリーブオイル大さじ1を加えてあえる。

緑のクスクス

材料（4～6人分）
ブロッコリー ── ½株（200g）
さやいんげん ── 8本
玉ねぎ ── ½個（70g）
にんにく（みじん切り）── 1片分
アンチョビ（フィレ。みじん切り）── 4枚分
レモン果汁 ── 大さじ2
クスクス ── 1カップ
白ワイン ── 大さじ2
塩 ── 小さじ⅓
粗びき黒こしょう ── 少々
オリーブオイル ── 大さじ2

1 ブロッコリーは小房に分ける。さやいんげんは両端を切る。玉ねぎはみじん切りにし水に約5分さらして水けをふく。
2 鍋に湯を沸かし、白ワインとさやいんげんを入れ2分ゆでる。ブロッコリーを加えさらに2分ゆでてざるにあげる。
3 ブロッコリーは1㎝角に切り、いんげんは1㎝長さに切る。
4 クスクスは塩、オリーブオイル大さじ1、熱湯200㎖（分量外）を入れて混ぜ、アルミ箔をかぶせて10分おく。
5 玉ねぎ、**3**、アンチョビ、にんにくをなじむまであえる。
6 **5**に**4**とレモン果汁、黒こしょう、残りのオリーブオイルを加えてさっと混ぜる。

Part 6
いつもの フルーツで

デザートを持って行ったら喜ばれることは分かっているけれど、
ケーキを焼くほど腕に自信もないし、時間もない。
そんな悩みにこたえるのがこの章。
りんごひとつあればできる“ヴァポーレ”や
カステラで作るスコップケーキ、失敗知らずのチーズケーキ、
昔ながらのフルーツポンチなど、簡単でおいしくて見栄えもする
持ちよりの強い味方のデザートレシピばかりです。

スコップケーキ

カステラを使って手軽に
ヨーグルトクリームでさっぱりと仕上げた
キュートでおいしいスコップケーキ。
桃は、あえて時間がたっても色のかわらない
缶詰で作ります。
もちろん、好みのフルーツでアレンジしても。

材料（26×21㎝のバット1台分）
黄桃缶詰 —— （小）1缶（190g）
カステラ（市販品、1.5㎝厚さ）—— 6切れ
＊市販のスポンジケーキでも可
生クリーム —— 100㎖
プレーンヨーグルト（無糖）—— 80g
＊30分以上水きりする
＊ギリシヤヨーグルトでも可
（この場合水きりしなくてもよい）
メープルシロップ —— 大さじ3
ブルーベリー —— 40個
セルフィーユ（生）—— 3〜4本
（あれば）キルシュ —— 大さじ2
＊子ども用の場合は除く

1 黄桃は汁けをしっかりときり、食べやすい大きさに切る。

2 容器に合わせてカステラを敷き詰める。あれば、表面にキルシュをハケでぬる。

3 生クリームを八分立て（ツノがピンと立つ程度）にし、メープルシロップと水きりしたヨーグルトを加えて混ぜ、**2**の表面全体に広げる。

4 **3**の上に、**1**とブルーベリーを飾り、セルフィーユをちぎってちらす。

いちじくバニラコンポート アイスクリーム添え

主な食材 2品で

コンポートは手間いらずの簡単おやつ。持ちより仕様に、ちょっと贅沢ですがバニラビーンズを入れました。いちじくをりんごにかえても作れますが、その場合は芯を除いて皮つきで約50分煮てください。

材料（4～6人分）
いちじく —— 6個
バニラビーンズ —— 1/2本
てんさい糖 —— 100g
アイスクリーム —— 好みの分量

1 いちじくは皮をむき、縦に4等分に切る。

2 バニラビーンズは縦に切り、種をこそげとり、さやもとっておく。

3 鍋に**1**、**2**、てんさい糖を加えてなじませ、そのまま20分おく。

4 いちじくから水分が出てきたら、弱火にかけ、へらで混ぜながらとろみがつくまで12～13分煮詰め、粗熱がとれたら容器に移す。いっしょにアイスクリームを持っていき、コンポートに添えて食べる。

いつもの ぶどう で

ぶどうのミントマリネ

主な食材 **2** 品で　**15** 分以内で　**2** 工程で

マスカットの甘みをいかした砂糖を入れないフルーツマリネ。ふんだんに入れたミントが、食後の重くなった体を軽やかにしてくれます。大人用にキルシュやラム酒大さじ２を加えてもおいしくなります。

材料（４〜６人分）

マスカット ── 400g
ミント（生）── 10g
レモン果汁 ── 大さじ2
塩 ── 小さじ1/4
オリーブオイル ── 大さじ2

1 マスカットは2等分に切る。ミントは枝から葉を摘む。

2 **1**とレモン果汁、塩を加えてさっと混ぜ、オリーブオイルも加えてあえる。

フルーツポンチ

レモンとはちみつベースの昔懐かしいフルーツポンチ。ポイントはそれぞれのフルーツを大きく切ること。小さいとつぶれてしまいます。グレープフルーツ、バナナ、オレンジ、メロンなどでもおいしい。

材料（4～6人分）
プラム —— 3個
ぶどう（巨峰など好みのもの）—— 15個
キウイフルーツ —— 2個
レモン（国産）—— 2個
はちみつ —— 150g
水 —— 500㎖
レモン果汁 —— 大さじ4
ラム酒 —— 大さじ2
＊子ども用の場合は除く

1 プラムは種を除き、くし形に6等分に切る。ぶどうは半分に切る。キウイは皮をむき縦に4等分、横に2等分に切る。レモンはよく洗って縦に4等分、横に2等分に切る。

2 はちみつと水を小鍋に入れ、中火にかけてひと煮立ちさせたらはちみつを溶かす。

3 **2**の火を止め、粗熱がとれたら**1**のレモンとレモン果汁とラム酒、**1**の残りのフルーツを加えて混ぜ、容器に移して冷蔵庫で2時間以上冷やす。

主な食材 **1** 品で　**2** 工程で

りんごのヴァポーレ

りんごをローズマリーとワイン、はちみつで蒸し煮にしたシンプルなデザート。20分もあれば完成します。おなかいっぱいになっても、ちょっと甘いものが欲しい、口をさっぱりさせたいときにおすすめのメニューです。

材料（4～6人分）

りんご（紅玉やむつ）── 3個（750g）

A［ローズマリー（生）── 2本
　　白ワイン ── 200mℓ
　　はちみつ ── 100g

レモン果汁 ── 大さじ1

塩 ── 小さじ1/4

1 りんごは4等分し、さらに横半分に切り、芯を除き、皮をむく。

2 鍋に**1**と**A**を順に加えて中火にかけ、ひと煮立ちさせる。弱火にしてふたをし、ときどきへらで混ぜながら約15分蒸し煮にする。レモン果汁と塩を加えてさっと混ぜる。

いつものりんごで

りんごとくるみのチーズケーキ

すりおろしたりんごの甘みと風味、
くるみの食感と香ばしさをいかしたベイクドチーズケーキ。
混ぜて焼くだけ、泡立てなどのテクニックもいらないので
ケーキ作りが初めてでも必ず上手に作れます。

いつもの りんご で

りんごとくるみのチーズケーキ

材料（直径15×高さ6㎝の型1台分）
りんご（紅玉やむつ）── 1/2個（125g）
クリームチーズ ── 400g
生クリーム ── 200㎖
卵 ── 2個
てんさい糖（上白糖でも可）── 80g
レモン果汁 ── 大さじ2
くるみ（ローストしたもの）── 60g
ココアパウダー ── 適量

下準備：クリームチーズは常温に戻す。
オーブンを180℃に予熱する。

1 くるみは粗く刻み、りんごは皮をむきすりおろす。

2 ボウルにクリームチーズを入れ、泡立て器でなめらかになるまで混ぜる。てんさい糖を加えてよく混ぜる。

3 卵と生クリームも加えて全体がなじむまでよく混ぜ、レモン果汁と**1**を加えて混ぜる。

4 **3**を型に流し入れ3〜4回台に落として空気を抜く。予熱したオーブンで1時間焼く。途中で天板の向きを入れ替えると全体にきれいな焼き色がつく。仕上げにココアパウダーをふる。

持ちよりメモ

オーブンペーパーで包み、麻ひもやリボンで縛るだけでも、素敵な持ちよりスタイルになります。

レーズンとチーズのはちみつマリネ

主な食材 **2** 品で　**15** 分以内で　**2** 工程で

冷蔵庫に少しずつ余ったレーズンやチーズ、ナッツ、ドライフルーツがあったらはちみつとラム酒であえる。これだけで立派なデザートに。集まりの最後に、皆が持ちよって余ったチーズやナッツで作ることもできます。

材料（4～6人分）

レーズン —— 30g
カマンベールチーズ —— 1個（200g）
ミモレットチーズ —— 100g
アーモンド（ローストしたもの）—— 8個
くるみ（ローストしたもの）—— 8個
はちみつ —— 大さじ5
ラム酒（ブランデーでもよい）—— 大さじ2
＊子ども用の場合は除く

1 カマンベールとミモレットは食べやすい大きさに切る。

2 1に、レーズン、アーモンド、くるみ、はちみつ、ラム酒を加えてあえ、器に入れる。

持ちよりメモ

分量などはあくまでも目安です。余った材料で気軽に作ってください。

Profile
ワタナベマキ
料理研究家。グラフィックデザイナーとして活動後「サルビア給食室」として料理の道へ転身。調味料は最低限にし、素材のおいしさを最大限にいかしたシンプルなレシピの提案にファンが多い。好きな料理はアジア料理。書籍、雑誌、広告、テレビで活躍。食材や器などを中心にそろえたショップ「STOCK THE PANTORY」も運営。不定期で料理教室も開いている。著書に『簡単なのにごちそう。和とアジアのオーブンレシピ』(宙出版)、『香草・ハーブレシピ』(産業編集センター) ほか多数。
instagram
https://www.instagram.com/maki_watanabe/

撮影　公文美和
デザイン　渡部浩美
スタイリング　駒井京子
編集　斯波朝子 (オフィスCuddle)
編集補助　久保愛
校正　みね工房
編集担当　大竹美香 (宙出版)

器協力　UTUWA
〒151-0051　東京都渋谷区千駄ヶ谷3-50-11明星ビルディング1F

今日も、明日も、週末も いつもの素材で作る 持ちよりごはん

2018年　3月2日　初版第1刷発行

著者　ワタナベマキ
発行人　北脇信夫
編集人　中江陽奈
発行所　株式会社　宙 (おおぞら) 出版
〒112－8653
東京都文京区音羽一丁目22番12号
代表03 (6861) 3910　販売03 (6861) 3930　資材製作部03 (6861) 3912
印刷・製本 凸版印刷株式会社

/ISBN978-4-7767-9690-9
Printed in Japan 2018